Westlake T. Purkiser

Concepts contradictoires de la sainteté

Éditions Foi et Sainteté
Lenexa, Kansas (États-Unis)

Copyright © 1984
Westlake T. Purkiser
Réimpression en français, 2008, 2014

ISBN 978-1-56344-065-6

Publié par Éditions Foi et Sainteté
Lenexa, Kansas (États-Unis)

Titre original :
Conflicting Concepts of Holiness,
édition révisée de 1972.
Publié par Beacon Hill Press of Kansas City.

La traduction française a été réalisée par Claude Bazile et révisée par Roberto Manoly et Gene C. Smith.

Sauf indication contraire, les citations bibliques renvoient à la version Segond, Édition de 1910. Les italiques, crochets et parenthèse que l'on rencontrera dans les textes bibliques et ailleurs sont de l'auteur ou des éditeurs.

Introduction
à l'édition française

L'apôtre Pierre, s'adressant aux chrétiens du premier siècle, leur donne un conseil très judicieux quant à la manière de défendre leur foi. Il leur dit : « Mais sanctifiez dans vos cœurs Christ le Seigneur, étant toujours prêts à vous défendre, avec douceur et respect, devant quiconque vous demande raison de l'espérance qui est en vous » (1 Pierre 3.15). *Concepts contradictoires de la sainteté* a été écrit sans aucun doute avec ce conseil à l'esprit, et c'est l'une des raisons pour lesquelles nous avons choisi de le soumettre à l'attention des chrétiens de langue française.

La sainteté est un thème biblique qu'aucun chrétien ne saurait ignorer. En fait, l'accord est pratiquement unanime quant à la sainteté divine ; mais lorsqu'il s'agit de définir la position de l'homme en rapport avec ce sujet combien important, les concepts divergent et s'affrontent même. Certes, aucun groupe évangélique ne peut se targuer d'avoir le monopole de la vérité, mais nous sommes tous conviés, par le Seigneur Jésus, à connaître la vérité qui affranchit de l'erreur et de ses conséquences (Jean 8.32). Et si Dieu lui-même nous appelle à la sainteté (Lévitique 19.2 ; 1 Pierre 1.15-16), il est bon que nous sachions exactement ce qu'il attend de nous.

La valeur d'une position doctrinale dépend particulièrement de sa capacité de résister aux assauts de la critique, à travers le temps. Westlake Purkiser, professeur de carrière, est conscient de ce fait. Il aborde le sujet avec un esprit très irénique, considère les différents concepts à la lumière des Saintes Écritures, et ne tire ses conclusions qu'après avoir considéré soigneusement le pour et le contre de chaque position. Nous nous sommes donc évertués, dans cette traduction, à serrer le texte de près afin de rendre aussi fidèlement que possible la pensée de l'auteur, tout en tenant compte du génie particulier à chacune des deux langues.

Ce livre peut être lu avec profit tant par ceux qui acceptent la doctrine de la sainteté, – telle qu'elle est interprétée par les groupes d'inspiration armino-wesleyenne – que par ceux qui sont d'inspiration calviniste ou pentecôtiste. Ceux-ci y trouveront matière à réflexion quant à la solidité de leur position, tandis que ceux-là en sortiront mieux équipés pour défendre leur foi avec douceur et respect.

Puisse ce livre contribuer à une meilleure compréhension de la sainteté telle que Dieu la désire pour nous, et puisse sa lecture être à la fois enrichissante et libératrice !

– *Les Editeurs*
Kansas City, Missouri (E.U.A.)

Préface à l'édition anglaise

Aucun thème aussi important qu'est la sainteté scripturaire à la vie chrétienne ne devrait être laissé trop longtemps sans être examiné, ou remis en question. Notre but, à travers ces pages, est de considérer quelques-unes des questions courantes relatives à cet aspect de la foi « qui a été transmise aux saints une fois pour toutes ».

Une question, au sens où nous l'entendons ici, est un sujet de défi, de débat ou de concours. On ne peut prêcher ou enseigner avec succès aucune doctrine sans être conscient des questions soulevées dans l'esprit de ceux auxquels on s'adresse. La littérature sur la sainteté abonde en fortes apologies de cette vérité contre les questions du passé. Alors que l'erreur possède en soi une sorte de qualité perpétuelle – paraissant en cycles génération après génération – il est toujours important d'établir un rapport entre notre doctrine centrale et l'orientation que puissent prendre les questions du jour.

Ce qui nous concerne particulièrement ici ce sont les questions qui nous sont présentées dans le contexte du christianisme évangélique moderne. Autrement dit, nous ne nous proposons pas de défendre le point de vue wesleyen du plein salut contre ce qu'on appelle communément modernisme, ou contre aucun point de vue de la foi chrétienne qui diminue la croyance historique dans l'inspiration plénière et l'autorité finale des Écritures. Nous admettons la vérité essentielle et la valeur de la position traditionnelle évangélique que la Bible est la source primordiale de toute vérité doctrinale et de devoir pratique, et qu'elle entend exactement ce qu'elle dit lorsqu'elle est interprétée, comme elle doit toujours l'être, en fonction du contexte.

L'appel à la coopération parmi les chrétiens évangéliques dans une période postchrétienne attire l'attention sur le besoin d'une claire définition des questions. L'unité chrétienne ne peut être obtenue en s'abaissant au plus petit dénominateur commun de la foi.

Cela implique une obligation d'établir un rapport entre ce qui est distinctif dans notre croyance sur la sainteté et les questions soulevées par les associations plus grandes que la nôtre, questions que nous ne pouvons ni ne devrions essayer d'ignorer. Nous devons être toujours prêts à donner de fortes raisons à l'appui de la facette spéciale de l'espoir que nous chérissons.

Ce serait naturellement trop exiger de l'auteur que de lui demander d'isoler et de discuter toutes les questions dans un espace si restreint. Son habileté même à mentionner les questions les plus importantes doit dépendre de la mesure où son expérience et ses contacts dans les cercles évangéliques sont typiques. L'auteur ne peut espérer éviter la critique à savoir que ce livre est incomplet qu'en indiquant que cet ouvrage se propose de discuter seulement quelques-unes des questions contemporaines. Il y en a d'autres maintenant, il y en aura encore plus à l'avenir. Les questions traitées ici ne sont que des exemples de celles qui semblent concerner le plus la doctrine wesleyenne de l'entière sanctification.

Un autre point important mérite d'être mentionné. Il nous arrivera de souligner un désaccord marqué à l'égard de quelques points de vue religieux populaires. Les objections à l'égard d'un système de théologie ne doivent être pris, en aucun cas, comme une attaque contre l'expérience chrétienne ou le caractère de ceux qui professent cette théologie. Le caractère d'un homme peut parfois être meilleur que son credo – inversement, il peut ne pas être aussi bon. Quelques-uns des points de vue considérés dans cet ouvrage sont tenus par des frères et sœurs chrétiens à l'égard desquels l'auteur manifeste la plus grande confiance quant à leur intégrité personnelle et l'efficience de leur service chrétien. Nous sommes souvent beaucoup plus près de cœur et d'expérience que sur le plan de l'interprétation de l'expérience elle-même.

Cela ne veut pas dire que tous les crédos se valent et que ce que l'on croit importe peu, pourvu que l'on vive bien. Le résultat ordinaire d'enseignements erronés est une vie mal dirigée.

Nous nous proposons de considérer cinq questions majeures en rapport avec la sainteté chrétienne :

1. *La sainteté est-elle imputée ou impartie ?*

La sainteté des saints est-elle un aspect réel de leur caractère moral personnel ? Nous traitons ce sujet sous le thème : *sanctification et purification*.

2. *La sainteté est-elle progressive ou instantanée ?*

Est-elle une action toujours croissante, s'opposant à la nature charnelle, ou une crucifixion momentanée du péché inné ? Cela fait l'objet de notre second chapitre : *processus et crise dans la sanctification*.

3. *Quelle est la vraie nature du péché dans la vie humaine ?*

Est-elle une déviation d'une norme objective et parfaite de justice, ou une transgression volontaire d'une loi de Dieu reconnue ? Ce sujet a pour thème : *perfection chrétienne et péché*.

4. *Quelle est l'évidence ou le signe de la présence permanente du Saint-Esprit en nous ?*

Y a-t-il une manifestation extérieure, un don de l'Esprit, qui certifie la réalité du baptême de l'Esprit ? Cette question est discutée sous le thème : *sanctification et signes*.

5. *Quel est le fondement de la sécurité chrétienne ?*

Est-il un acte de foi initial et momentané, assurant pour toujours à l'âme le salut final ; ou bien est-il un accès à « cette grâce, dans laquelle nous demeurons fermes et nous nous glorifions dans l'espérance de la gloire de Dieu» (Romains 5.2)? Notre thème ici est: *sanctification et sécurité.*

— Westlake T. Purkiser

CHAPITRE UN

SANCTIFICATION ET PURIFICATION

La doctrine wesleyenne de la sainteté chrétienne est basée sur l'affirmation que Dieu, dans cette vie et par le don gracieux de son Esprit, peut rendre – et rend en fait – le croyant entièrement consacré «saint dans toute sa conduite», en le purifiant complètement du péché hérité.

Aucun enseignement qui nie une telle purification ne peut, à proprement parler, s'appeler sainteté au sens dans lequel nous utilisons ce terme. Le point essentiel de la doctrine de l'entière sanctification est ce fait de la pureté du cœur considéré comme une épuration réelle de l'âme.

I. SAINTETÉ DE POSITION

L'un des défis majeurs, auquel cette foi est sujette, provient d'un groupe très nombreux de professeurs bibliques, d'évangélistes, d'instituts bibliques, et de prédicateurs à la radio qui affirment qu'aucune purification de ce genre n'est possible, et que la sainteté du Nouveau Testament est une sainteté de position dans laquelle le croyant, qui est en Christ, est considéré comme saint alors qu'il est en réalité moralement impur.

Si nous comprenons bien ce qu'ils veulent dire, c'est aussi le point de vue adopté par le C.I. Scofield et les érudits qui ont collaboré avec lui à la préparation de la Bible Scofield. C'est la position, généralement parlant, des instituts bibliques qui ont grandi à partir de l'œuvre monumentale de Dwight L. Moody, et celle d'autres institutions d'envergure. Sa vogue contemporaine dérive de l'influence des Frères de Plymouth dans l'Angleterre du dix-neuvième siècle, et de la Conférence de Keswick du vingtième siècle. Nous ne voulons faire aucune injustice aux facettes variées de pensées étalées par ces différents groupes en les réunissant ainsi tous ensemble. Ils semblent, pourtant, s'accorder sur le point de la sanctification de position – ou ce qu'on appelle parfois la théorie du « saint en Christ ».

Un résumé typique de cette position est la déclaration de *La Bible Scofield* dans ses notes sur Apocalypse 22.11. On nous dit, dans ces notes-là, que le mot sanctification, appliqué aux personnes, possède un triple sens. Premièrement, les croyants, par leur *position*, sont éternellement mis à part pour Dieu par la rédemption et, de ce fait, ils sont considérés comme saints et sanctifiés dès le moment où ils croient. Les références scripturaires données à l'appui de cette déclaration sont Philippiens 1.1 et Hébreux 3.1. Deuxièmement, quant à l'*expérience,* l'on affirme que le croyant est en train d'être sanctifié par le Saint-Esprit, au moyen des Écritures. Troisièmement, quant à la *consommation,* le croyant attend, dit-on, le retour du Seigneur pour sa sanctification complète[1].

Ce qui nous préoccupe ici c'est le premier sens. On nous dit qu'il y a une sainteté de position, mais non d'expérience. Tous ceux qui sont rachetés, nous dit-on, sont « saints » et « sanctifiés » même s'ils sont encore en train d'être « sanctifiés » par l'œuvre du Saint-Esprit au moyen des Écritures et ne seront jamais complètement sanctifiés jusqu'au retour de Christ. Les deux dernières affirmations – à savoir que la sanctification est progressive par nature et complète seulement à la mort ou au moment de l'enlèvement – seront considérées au chapitre suivant. La doctrine de la sainteté de position est le point en discussion pour le moment.

Sanctification et purification

Si la sanctification « de position » dans la déclaration précédente était prise dans le sens de sanctification potentielle, il n'y aurait pas là matière à discussion. Les faits montrent, cependant, que les partisans de cet enseignement ne l'entendent pas ainsi. Il y a dans cette déclaration tant de sous-entendus. La fondation de toute cette école de pensée repose sur au moins cinq thèses intimement liées.

1. Le chrétien possède deux natures tout au cours de sa vie chrétienne – la semence de Dieu et la pensée de la chair ou nature charnelle. Ces deux natures coexistent, dit-on, d'une manière telle que la conduite réelle du croyant peut être tantôt sous l'une tantôt sous l'autre, sans pour autant améliorer ou troubler sa relation avec Dieu.

2. Étant donné que le croyant est en Christ et que Christ est saint, le croyant est saint en Christ sans être nécessairement saint en caractère et en conduite. C'est que, non seulement la justice de Christ – son obéissance parfaite à la loi de Dieu – est imputée au moment de la justification pour couvrir les péchés confessés du croyant, mais la sainteté de Christ – sa conformité à la nature du caractère de Dieu – est, pareillement, censée être imputée au croyant. On prétend que Dieu regarde le croyant à travers Christ, et qu'il le voit aussi saint que Christ lui-même, bien que le croyant puisse à ce moment même être rempli de mondanité et de péché.

3. La nature de péché du croyant ne peut jamais être détruite dans cette vie, le laissant ainsi sous la domination partielle, et parfois entière, de la pensée de la chair. Cependant, les péchés résultant de la nature pécheresse ne sont pas, dans le cas du croyant, censés être sujets à la condamnation devant le tribunal de Dieu. Ceux-ci, présume-t-on, seront pris en considération quand les croyants comparaîtront devant Christ au moment de la distribution des récompenses.

4. La justification ou le pardon accordé au croyant, quand il accepte Christ, est une justification permanente et elle embrasse tous les péchés qu'il peut commettre dans le futur, aussi bien que les péchés passés. Seule la foi est la base de la justification; et la repentance, si elle est jamais mentionnée, est le chagrin passager du chrétien pécheur lorsqu'il se rend compte qu'il a perdu ou brisé sa communion avec Dieu.

5. Il s'ensuit que la position du croyant en Christ est éternelle et inchangeable, en dépit de la fluctuation de son état moral. Cet enseignement, connu maintenant sous le nom de la doctrine de la sécurité éternelle, affirme essentiellement que tout individu une fois qu'il a été sauvé ne peut jamais être finalement perdu, qu'importe sa foi ou son manque de foi, sa vie de péché ou de droiture.

Les points un et deux nous concernent dans ce chapitre. Les points trois et quatre seront considérés au chapitre trois. Le dernier point fera l'objet du chapitre cinq.

II. LÀ DOCTRINE DES DEUX NATURES

Considérons maintenant ces deux doctrines jumelles des deux natures et de la sainteté imputée – la théorie selon laquelle nous sommes « saints en Christ » alors que nous possédons encore la nature charnelle.

Nous n'accorderons pas beaucoup de place à la doctrine des deux natures, étant donné que la théorie de la sainteté de position est plus directement liée à notre thème général. Comme elle est habituellement présentée, c'est la croyance que la semence de Dieu implantée dans le cœur du croyant à la conversion est essentiellement une autre nature, incapable de péché et tendant à la droiture. Coexistant avec cette nouvelle nature est le vieil homme, le moi charnel qui, dit-on, est indestructible, une partie essentielle de notre mortalité humaine. Les textes ordinairement

Sanctification et purification

cités à l'appui sont Jean 3.6: «Ce qui est né de la chair est chair, et ce qui est né de l'Esprit est esprit» et Galates 5.17: «Car la chair a des désirs contraires à ceux de l'Esprit, et l'Esprit en a de contraires à ceux de la chair; ils sont opposés entre eux, afin que vous ne fassiez point ce que vous voudriez.»

Si tout cela n'était qu'une façon maladroite de décrire les luttes d'un chrétien non sanctifié avec les tendances d'un cœur charnel, l'on pourrait y avoir peu d'objection. Mais il est beaucoup plus que cela. Il est représenté comme la norme de la vie chrétienne et l'on ne peut en espérer davantage. Et il est maintenu que ces deux natures sont si indépendantes l'une de l'autre, que l'une est relativement peu affectée par les actions de l'autre. Ainsi, le croyant peut agir sous l'influence de la pensée de l'Esprit sans pour autant améliorer la pensée de la chair. En revanche – et voilà le clou de toute l'affaire – le croyant peut pécher sous l'influence de la nature charnelle sans que la nature spirituelle soit pour autant essentiellement affectée.

Il y a deux observations que nous devons faire ici.

Premièrement, c'est une aberration psychologique que de représenter la nature humaine comme étant si compartimentée qu'une partie d'elle peut agir sans altérer ou affecter tout le reste. À part les cas anormaux de schizophrénie, le psychisme humain est une unité dynamique répondant à des motivations diverses, comme un moi total, et modifié sans cesse par chaque réponse. Le point de vue des deux natures est, en fait, une sorte de schizophrénie spirituelle, une sorte de Dr Jekyll et Hyde religieux[2].

Deuxièmement, cette théorie est un reniement virtuel de la doctrine scripturaire de la nouvelle naissance. Il n'y a aucun endroit dans la Bible où la nouvelle naissance est représentée comme l'injection d'une nature divine dans une nature humaine autrement non modifiée. C'est l'être humain qui naît d'en haut, non pas une entité abstraite spirituelle ajoutée à l'âme. 2 Corinthiens 5.17 fournit un antidote sain à cette erreur : « Si quelqu'un est en Christ, il est une nouvelle créature. Les choses anciennes sont passées ; voici toutes choses sont devenues nouvelles. »

III. LÀ NATURE DE LÀ SAINTETÉ SCRIPTURAIRE

Que dire maintenant de cette idée que la sainteté du croyant se trouve « en Christ », et pas inhérente à lui-même ? Lewis Sperry Chafer, par exemple, dans le sixième tome de sa Théologie systématique écrit : « Du point de vue de la position, le 'vieil homme' a été mis de côté pour toujours. Quant à l'expérience, le 'vieil homme' demeure comme une force active dans la vie qui peut être contrôlée seulement par la puissance de Dieu[3]. » Si cela est vrai, la doctrine wesleyenne de l'entière sanctification est non seulement fausse, mais aussi dangereuse. Il est, par conséquent, de la plus grande importance que nous comprenions et élucidions cette question.

On est, tout d'abord, impressionné par le manque presque complet de citation scripturaire à l'appui de cette idée. Elle paraît être motivée par un désir de manger le gâteau à midi tout en le gardant pour le dîner – c'est-à-dire accomplir notre obligation de rechercher la sainteté « sans laquelle nul ne verra le Seigneur » (Hébreux 12.14), et avoir aussi la permission de garder le péché inné dans le cœur. Nous devons avoir la sainteté, mais si Christ est notre sainteté – tout comme il est notre justification – alors le croyant peut être saint en vertu de sa position « en Christ » et charnel par expérience.

Est-ce que le fait que le croyant est « en Christ » garantit la conclusion que le croyant est par conséquent saint en vertu de sa position, quoiqu'il puisse être en réalité pécheur en nature et en actions ? Nous ne pouvons concevoir cela. Car Paul emploie « en Christ » – cette expression si significative – pour dépeindre le vrai chrétien. Être en Christ, c'est être en relation avec lui afin de participer au salut qu'il a rendu possible. Cette expression ne peut pas être interprétée dans le sens que Dieu s'en fait accroire en faisant passer pour saint un cœur charnel, parce qu'il voit ce cœur au travers de la sainteté de son Fils.

La considération essentielle ici est, bien sûr, le fait que la sainteté est une qualité de caractère et ne peut être transmise. Christ est saint en lui-même, et si le chrétien est jamais saint, il l'est en raison du fait qu'il est devenu en réalité participant de la nature divine[4]. C'est certainement l'œuvre de Christ dans le cœur. Mais elle est réelle et non pas simplement logique. Le fait qu'Abraham crut à Dieu et que cela lui fut imputé à justice, ne signifie pas que la foi est un substitut pour la justice. Cela veut dire plutôt que la foi est la condition par laquelle le cœur est rendu juste par l'action divine.

La Bible abonde en déclarations spécifiques sur la sainteté réelle d'un cœur entièrement sanctifié. Elle présente un tel état comme l'idéal et l'obligation de chaque croyant. Par exemple, 1 Pierre 1.15-16 : « Mais comme celui qui vous a appelés est saint, vous aussi de même soyez saints dans toute votre conduite ; selon qu'il est écrit : Soyez saints car je suis saint » (version Ostervald). La sainteté demandée ici n'est pas d'une différente sorte, une sainteté de position. Elle est qualitativement identique à la sainteté de Dieu. Cette relation est observée lorsque l'on compare les mots en italique : « *Comme* celui … est saint, vous aussi *de même* soyez saints. »

1 Jean 3.3, 7 ajoute son témoignage à ce point :

> *Quiconque a cette espérance en lui se purifie, comme lui-même est pur … Petits enfants, que personne ne vous séduise. Celui qui pratique la justice est juste, comme lui-même est juste.*

La pureté demandée ici n'est pas différente de celle de Christ ; et la justice du croyant, au lieu d'être imputée, est déclarée être en exacte correspondance avec la justice de Christ.

Considérez 1 Jean 4.17 :

> *Tel il est, tels nous sommes aussi dans ce monde : c'est en cela que l'amour est parfait en nous, afin que nous ayons de l'assurance au jour du jugement.*

Remarquez la similitude : « Tel il est, tels nous sommes. »

Considérez Luc 1.73-75 :

> *Selon le serment par lequel il avait juré à Abraham, notre père, de nous permettre, après que nous serions délivrés de la main de nos ennemis, de le servir sans crainte, en marchant devant lui dans la sainteté et dans la justice tous les jours de notre vie.*

Dans ce texte, la sainteté et la justice sont représentées comme une qualité du caractère dans lequel nous pouvons servir Dieu tous les jours de cette vie.

IV. LÀ SAINTETÉ COMME UNE PURIFICATION RÉELLE

Nous nous adressons maintenant directement au Nouveau Testament pour une synthèse de son enseignement à l'égard de la purification réelle – l'élimination complète de toute dépravation héritée du cœur. Nous considérerons brièvement dix références, les prenant simplement dans leur ordre de présentation.

Matthieu 3.11-12 :

> *Moi, je vous baptise d'eau, pour vous amener à la repentance, mais celui qui vient après moi est plus puissant que moi, et je ne suis pas digne de porter ses souliers. Lui, il vous baptisera du Saint-Esprit et de feu. Il a son van à la main ; il nettoiera son aire, et il amassera son blé dans le grenier, mais il brûlera la paille dans un feu qui ne s'éteint point.*

Sanctification et purification

Ici, nous observons que le baptême de feu de l'Esprit fait suite au baptême d'eau pour la repentance. Ces deux baptêmes ne peuvent être simultanés sans un mélange impossible de figures de style. Mais ici la considération importante est que le but du baptême de Christ est le nettoyage complet de son aire, le rassemblement du blé de la nature humaine sanctifiée dans le grenier, et la destruction de la paille de la nature charnelle par le feu inextinguible du Saint-Esprit. Cette interprétation du blé et de la paille n'est pas la seule possible, mais elle est la plus naturelle dans le contexte tout entier. Quoi qu'il en soit, le baptême de l'Esprit et le nettoyage de l'aire sont des actions qui vont de pair.

Matthieu 5.8 : « Heureux ceux qui ont le cœur pur, car ils verront Dieu. » Est-il concevable que notre Seigneur ait prononcé une telle bénédiction sur une catégorie de gens qui n'existait pas, et qui n'existerait jamais sur cette terre dans cette dispensation ? Il faut reconnaître que le reste des béatitudes concerne les qualités de caractère ou les conditions de vie qui sont exemplifiées dans l'Église à travers tous les âges – le pauvre en esprit, les humbles, ceux qui procurent la paix, ceux qui ont faim et soif de justice, les persécutés. Pourquoi alors ceux qui ont le cœur pur doivent-ils être placés dans un groupe différent, comme se référant à une classe sans membres ? Il est beaucoup plus naturel et vrai pour les Écritures de reconnaître qu'il y a ceux-là dont le cœur est pur et qui jouissent du bonheur de voir Dieu.

Actes 15.8-9 :

> *Et Dieu, qui connaît les cœurs, leur a rendu témoignage, en leur donnant le Saint-Esprit comme à nous ; et il n'a fait aucune différence entre nous et eux, ayant purifié leurs cœurs par la foi.*

Dans ces paroles, l'apôtre Pierre fait une identification directe du baptême du Saint-Esprit et la purification du cœur du croyant par la foi. Après quinze années, l'aspect le plus significatif de la Pentecôte dont Pierre se souvint ne fut pas le bruit d'un grand vent puissant et impétueux, ni des langues de feu séparées, ni même le don de parler d'autres langues. Ce fut, plutôt, la purification du cœur en réponse à la foi dont les disciples s'étaient emparés, culminant dans la réception de la plénitude de l'Esprit que le monde ne peut recevoir (Jean 14.17).

Romains 6.6-7 :

> *Sachant que notre vieil homme a été crucifié avec lui, afin que le corps du péché fût détruit, pour que nous ne soyons plus esclaves du péché; car celui qui est mort est libre du péché.*

Beaucoup de gens en dehors du mouvement de la sainteté s'offusquent à propos du terme « éradiquer » en référence au péché dans le cœur. Nous ne sommes pas disposés à soutenir un terme qui est extrabiblique, quelque utile qu'il puisse être. Nous sommes désireux d'utiliser des termes scripturaires. Si nos amis ne peuvent admettre le terme « éradication », pourquoi ne pas y substituer simplement « crucifixion » et « destruction » comme étant la méthode de Dieu à l'égard du « vieil homme » ? La crucifixion fut largement utilisée aux temps bibliques comme méthode de punition capitale. La mort en était toujours le résultat. La crucifixion ne pouvait jamais être interprétée au sens de répression ou neutralisation de ce qui continue à vivre comme une force active dans le cœur.

De même, détruire signifie certainement – sinon annihiler – du moins faire disparaître le corps de péché. Le sens général du sixième chapitre de l'épître aux Romains est que ce que Christ a accompli pour nous sur la croix peut et doit être accompli en nous par l'Esprit de Dieu.

Sanctification et purification

Romains 8.2: «En effet, la loi de l'esprit de vie en Jésus-Christ m'a affranchi de la loi du péché et de la mort.» C'est un contraste frappant avec le septième chapitre de l'épître aux Romains, le chapitre classique pour ceux qui nient notre délivrance réelle de la nature charnelle dans cette vie. Dans ce chapitre, Paul avait dit:

> *Je suis charnel, vendu au péché ... Quand je veux faire le bien, le mal est attaché à moi ... Ce n'est plus moi qui le fais, c'est le péché qui habite en moi ... Misérable que je suis! Qui me délivrera du corps de cette mort? (Romains 7.14, 21, 20, 24)*

Cela, prétend-on, est la norme de l'expérience religieuse de Paul. Cela représente la meilleure réalisation possible dans la grâce. Cela démontre que le péché est inhérent à l'être humain limité et ne peut être évité.

Le septième chapitre de l'épître aux Romains représente-t-il le niveau le plus élevé de grâce atteint par Paul? Est-ce que cela est sa description d'une expérience chrétienne normale ou même celle d'un enfant en Christ? À cela nous répondons fortement par un «Non!». Nous avons entendu des confessions pitoyables d'enfants de Dieu, exprimant leurs faillites, mais nous n'avons jamais entendu un croyant né de nouveau se mettre debout et témoigner: «Misérable que je suis!»

Paul présente ici un contraste vivant entre sa vie passée comme un pécheur réveillé, luttant de sa propre force pour maintenir ta loi de Dieu et la délivrance qu'il a trouvé dans la grâce régénératrice et sanctifiante du Seigneur Jésus-Christ. Dans l'ancienne vie, il trouva dans son cœur une loi qui s'opposait à l'idéal de sa conscience réveillée. Il fut, comme il dit, captif de la loi du péché habitant dans ses membres, le corps de mort qui le rendit misérable.

Puis, utilisant la même terminologie, il décrit la délivrance opérée en lui par l'Esprit de Christ. « La loi de l'esprit de vie en Jésus-Christ m'a affranchi de la loi du péché et de la mort » (Romains 8.2). Ici, aussi clairement que le langage puisse l'exprimer, Paul affirme sa délivrance de la nature du péché et du corps de mort contre lequel il avait combattu en vain si longtemps. Il n'est pas étonnant qu'il s'écrie : « Grâces soient rendues à Dieu par Jésus-Christ notre Seigneur ! » (Romains 7.25).

2 Corinthiens 7.1 :

> *Ayant donc de telles promesses, bien-aimés, purifions-nous de toute souillure de la chair et de l'esprit, en achevant notre sanctification dans la crainte de Dieu.*

C'est une purification complète pour ceux qui ont, en raison de leur qualité de fils de Dieu, « les plus grandes et les plus précieuses promesses ». De peur que Paul ne soit accusé de prôner la sanctification par l'effort humain, disons que nous nous purifions de la même manière que Pierre déclare que nous devons nous sauver « de cette génération perverse » (Actes 2.40). Dans chaque cas, c'est en entrant nous-mêmes dans une vraie relation avec Christ par la vertu salvatrice et purificatrice de son sang. C'est que la purification complète « de toute souillure de la chair et de l'esprit » est à la fois nécessaire et possible comme base pour l'achèvement de « notre sanctification dans la crainte de Dieu ».

Éphésiens 4.20-24 :

> *Mais vous, ce n'est pas ainsi que vous avez appris Christ ; si du moins vous l'avez entendu, et si, conformément à la vérité qui est en Jésus, c'est en lui que vous avez été instruits à vous dépouiller, eu égard à votre vie passée, du vieil homme qui se corrompt par les convoitises trompeuses, à être renouvelés dans l'esprit de votre intelligence, et à revêtir l'homme*

> *nouveau, créé selon Dieu dans une justice et une sainteté que produit la vérité.*

La vraie sainteté est représentée ici comme ayant un aspect à la fois positif et négatif. Parlant à ceux qui ont été des disciples ou des étudiants à l'école de Christ, Paul leur ordonne de se dépouiller du vieil homme, et d'être renouvelés intérieurement afin de revêtir l'homme nouveau dans la justice et la vraie sainteté. Le vieil homme doit s'en aller d'abord afin que l'homme nouveau puisse faire son entrée. La purification négative doit précéder le remplissage positif. Il n'y a ici aucune indication de tolérance, de neutralisation ou de répression. La Parole est claire : « Dépouillez-vous du vieil homme[5]. »

Éphésiens 5.25-27 :

> *Maris, aimez vos femmes, comme Christ a aimé l'Église, et s'est livré lui-même pour elle, afin de la sanctifier par la parole, après l'avoir purifiée par le baptême d'eau, afin de faire paraître devant lui cette Église glorieuse, sans tache, ni ride, ni rien de semblable, mais sainte et irrépréhensible.*

C'est le but rédempteur de Christ pour son Église. En ce qui concerne le monde, l'amour divin a donné le Fils pour qu'il sauve de la perdition ceux qui croient. En ce qui concerne l'Église, l'amour divin a donné le Fils pour qu'il la sanctifie et la purifie, afin qu'elle soit présentée sainte et sans reproche. Il y a ici une équation de la sanctification et de la purification. L'Église ne peut être présentée sans tache ou ride à moins qu'elle ne soit tout d'abord sanctifiée et purifiée.

Tite 2.14 :

> *Jésus-Christ qui s'est donné lui-même pour nous, afin de nous racheter de toute iniquité, et de se faire un peuple qui lui appartienne, purifié par lui et zélé pour les bonnes œuvres.*

Concepts contradictoires de la sainteté

L'expiation mentionnée ici a pour but de purifier un peuple pour Jésus-Christ. C'est une pureté réelle et d'expérience, produisant un zèle pour les bonnes œuvres. Comme cela est démontré dans beaucoup de références, il est dit que l'expérience intérieure produit des résultats extérieurs, et que les résultats extérieurs attestent la réalité de l'expérience intérieure.

1 Jean 1.7-8 :

> *Mais si nous marchons dans la lumière, comme il est lui-même dans la lumière, nous sommes mutuellement en communion, et le sang de Jésus son Fils nous purifie de tout péché. Si nous disons que nous n'avons pas de péché, nous nous séduisons nous-mêmes, et la vérité n'est point en nous.*

Après Romains chapitre 7, 1 Jean 1.8 est probablement le verset le plus fréquemment cité pour contredire l'affirmation wesleyenne de la libération de l'homme du péché inné. Lewis Sperry Chafer se propose de réfuter ce qu'il appelle « l'erreur d'éradication » en s'appuyant sur ce verset. Il déclare :

> *Le Nouveau Testament nous met en garde, de façon spécifique, contre l'erreur d'éradication. En 1 Jean 1.8, il est dit : « Si nous disons que nous n'avons pas de péché, nous nous séduisons nous-mêmes et la vérité n'est point en nous. » La référence ici concerne une nature pécheresse, tandis qu'au verset 10 la référence s'applique au péché qui est le fruit de la mauvaise nature. Prétendre que l'on n'a pas une nature pécheresse peut être dû à une déception de soi-même ; néanmoins, la Parole déclare à propos d'une telle personne : « La vérité n'est point en lui »* [4].

Le verset huit ne peut supporter une telle conclusion que s'il est pris complètement hors de son contexte. Au verset sept, Jean indique le besoin de marcher dans la lumière comme Dieu lui-même est lumière, afin que le sang de Christ puisse purifier de tout péché. Car si quelqu'un allègue qu'il n'a point de péché dont il peut et doit être purifié, la vérité n'est point en lui – il se séduit lui-même. Elles sont vraiment nombreuses les erreurs dont nous pourrions être délivrés en appliquant à chaque verset de l'Écriture l'avertissement imprimé sur un billet de chemin de fer: «Nul si détaché!» Ici comme toujours: «Un texte sans un contexte n'est qu'un prétexte!»

C'est là le témoignage de l'Écriture. Il se tient clairement du côté de la purification réelle du cœur du croyant, et s'oppose donc à la doctrine de la sainteté imputée qui laisse la nature intouchée. Si Dieu ne purifie pas les cœurs de ses enfants, ce serait, par nécessité logique, pour l'une des deux raisons suivantes: soit qu'il ne peut pas le faire ou, s'il le peut, il ne le veut pas. Quel étrange dilemme cela produirait! Si Dieu veut réellement rendre son peuple saint et ne peut le faire, il n'est pas omnipotent – le diable a donc réussi en injectant dans la nature humaine ce que Dieu ne peut enlever. D'autre part, si Dieu peut purifier le cœur et ne veut pas le faire, alors il n'est pas aussi saint que nous le croyions être, totalement opposé à tout péché.

Pourquoi se débattre avec de telles perplexités? Pourquoi ne pas prendre position avec la Bible et une multitude de témoins, et proclamer du haut des toits la glorieuse vérité que Dieu peut et veut sanctifier complètement chacun de ses enfants entièrement consacré qui recevra, par la foi, l'Esprit qui avait été promis? (voir Galates 3.14).

CHAPITRE DEUX

PROCESSUS ET CRISE DANS LA SANCTIFICATION

La deuxième question courante que nous allons considérer dans l'enseignement de la sainteté concerne l'aspect temporel de la sanctification. Cette expérience, résulte-t-elle de la croissance et de la discipline personnelle, ou est-elle un acte de la grâce de Dieu accompli en un moment ?

Le concept de la sanctification de position, considéré au chapitre 1, est ordinairement renforcé par deux affirmations intimement liées, à savoir : (1) que la sanctification expérimentale est progressive et graduelle ; et (2) qu'elle est achevée seulement à la mort ou après la mort, dans la réunion des saints dans la gloire.

Ces deux points étaient évidents dans la citation de Scofield donnée au chapitre 1 de ce livre et sont plus longuement traités dans la citation suivante, tirée de la Théologie systématique de Lewis Sperry Chafer. Après avoir décrit ce qu'il appelle la « sanctification de position », Chafer continue :

> *Deuxièmement, la sanctification expérimentale. Ce second aspect de l'œuvre sanctifiante de Dieu pour le croyant est progressif dans quelques-uns de ses aspects, de sorte qu'il est tout à fait en contraste avec la sanctification de position qui est « une fois pour toutes ». Elle est accomplie par la puissance de Dieu par le moyen de l'Esprit et par le moyen de la Parole : « Sanctifie-les par ta vérité : ta parole est la vérité »*

> *(Jean 17.17; voyez aussi 2 Corinthiens 3.18; Éphésiens 5.25-26; 1 Thessaloniciens 5.23; 2 Pierre 3.18).*
>
> *La sanctification expérimentale progresse d'après des relations variées. (1) Par rapport à l'abandon du croyant à Dieu. En vertu de la présentation de son corps comme sacrifice vivant, l'enfant de Dieu est de ce fait mis à part pour Dieu, devenant ainsi expérimentalement sanctifié. La présentation peut être absolue et elle n'admet ainsi aucune progression, ou bien elle peut être partielle et exige ainsi un développement supplémentaire. Dans l'un ou l'autre cas, elle est une œuvre de la sanctification expérimentale. (2) Par rapport au péché. L'enfant de Dieu peut se soumettre à toute condition pour la vraie spiritualité de sorte qu'il fait l'expérience de toute délivrance donnée et de la victoire de la puissance du péché; ou, d'autre part, il peut faire l'expérience d'une délivrance partielle de la puissance du péché. Dans l'un ou l'autre cas il est mis à part, et il est ainsi expérimentalement sanctifié. (3) Par rapport à la croissance chrétienne. Cet aspect de la sanctification expérimentale est progressif dans chaque cas. Par conséquent il ne doit en aucune façon être confondu avec la soumission incomplète à Dieu ou avec la victoire incomplète sur le péché. Cela veut dire que la connaissance de la vérité, la dévotion et l'expérience chrétienne sont naturellement sujettes à un développement. En accord avec leur présent état de développement comme chrétien, les croyants sont expérimentalement mis à part pour Dieu. Et ici encore, le chrétien est sujet à une sanctification expérimentale qui est progressive … La Bible, par conséquent, n'enseigne pas qu'un enfant de Dieu est entièrement sanctifié expérimentalement dans la vie quotidienne avant cette consommation finale de toutes choses*[1].

Il y a, dans cette citation, beaucoup de points au sujet de la croissance dans la grâce avec lesquelles nous n'avons aucune querelle. Nous nous demandons, cependant, pourquoi tout ce qui précède est qualifié de « sanctification » et la raison de la déclaration à savoir que cette sanctification expérimentale ne peut, par conséquent, pas être achevée. D'autres écrivains de même orientation ajoutent l'idée que la nature de péché peut être progressivement contrôlée, mortifiée journellement par l'attention soigneuse aux moyens de grâce, et de ce fait le croyant est progressivement sanctifié, en gagnant une victoire de plus en plus grande sur le péché dans sa vie, et un plus grand contrôle sur les impulsions de péché dans son cœur.

La question en discussion est donc clairement posée. L'entière sanctification, telle qu'elle est comprise par les groupes de sainteté, n'admet pas de degrés. Elle est aussi parfaite et complète dans son espèce, comme l'œuvre de la régénération et de fa justification est parfaite et complète dans la sienne. Cela ne veut pas dire qu'il n'y a pas de croissance dans la grâce avant et après la sanctification. Cela veut dire plutôt que la sanctification, étant un acte de Dieu, est instantanée et n'est pas produite par le développement ou la discipline personnelle ou le contrôle progressif de la nature charnelle.

I. LÀ SANCTIFICATION PAR LÀ CROISSANCE

Avant de poser la question : « Que dit le Seigneur ? », considérons brièvement la théorie de la croissance.

Premièrement, il est difficile de voir dans tout cela rien d'autre qu'une notion de la sanctification par les œuvres et par l'effort humain, rejetant l'efficacité du sang de Jésus. On réclame l'aide du Saint-Esprit, tout en niant la possibilité de son œuvre de dispensation. Il est possible de louer verbalement le ministère de l'Esprit, tout en contredisant la puissance sanctifiante de sa segneurie.

Deuxièmement, on s'attend à ce que la mort achève ce que la grâce et la croix de Christ n'ont pu achever. Il y a derrière ces spéculations l'ombre de l'ancienne hérésie gnostique qui veut que le corps soit, dans un certain sens, le siège et la source du péché. Il n'y a autrement aucune raison logique pour ce doute persistant que l'âme rachetée puisse être libre du péché, ici-bas et maintenant.

Ce qu'il y a encore de plus crucial c'est le fait que la Bible n'indique nulle part que la croissance ou la mort ait rien à voir avec la sanctification de l'âme. La Parole de Dieu, le sang de Christ, le Saint-Esprit et la foi sont plutôt les facteurs indiqués en relation avec la sanctification. Nous parlons ordinairement de croissance dans la grâce, jamais vers la grâce. La croissance est toujours en rapport avec l'augmentation en quantité, jamais avec le changement en qualité. De plus, supposer que la mort physique opère un changement quelconque dans la qualité de l'âme humaine, c'est s'opposer directement aux déclarations claires de la Parole (Hébreux 9.27 ; Apocalypse 22.11).

II. LÀ SANCTIFICATION COMME UNE EXPÉRIENCE INSTANTANÉE

Quand nous considérons le témoignage de la Parole, nous trouvons trois catégories de preuves qui démontrent que l'entière sanctification est, en fait, instantanée et non graduelle, qu'elle est une expérience instantanée et non un processus sans fin. Il y a, premièrement, l'analogie de la justification ou de la nouvelle naissance. Deuxièmement, il y a le témoignage des termes utilisés pour décrire l'œuvre – des termes qui se réfèrent ordinairement aux actions accomplies à un moment donné. Et troisièmement, il

Processus et crise dans la sanctification

y a la logique de l'exemple trouvée dans la Bible. Considérons chacune d'elles brièvement.

1. *L'analogie de la nouvelle naissance*

Considérons premièrement l'analogie trouvée dans la Bible entre la justification ou la nouvelle naissance et la sanctification ou la sainteté. Il y a plusieurs points de similitude entre ces deux œuvres de la grâce divine.

a. La justification et la sanctification sont toutes deux des produits de l'amour divin. Jean 3.16 : « Car Dieu a tant aimé le monde qu'il a donné son Fils unique, afin que quiconque croit en lui ne périsse point, mais qu'il ait la vie éternelle » ; et Éphésiens 5.25-27 : « Maris, aimez vos femmes comme Christ a aimé l'Église, et s'est livré lui-même pour elle, afin de la sanctifier par la parole ... afin de faire paraître devant lui cette Église ... sainte et irrépréhensible. »

b. La justification et la sanctification sont toutes deux des manifestations de la volonté de Dieu qui est bonne, acceptable et parfaite. 1 Timothée 2.3-4 : « Cela est bon et agréable devant Dieu notre Sauveur, qui veut que tous les hommes soient sauvés et parviennent à la connaissance de la vérité » ; et Hébreux 10.10 : « C'est en vertu de cette volonté [la volonté de Dieu telle qu'elle est accomplie par Christ, dans sa mort expiatoire] que nous sommes sanctifiées, par l'offrande du corps de Jésus-Christ, une fois pour toutes. »

c. La justification et la sanctification sont toutes deux accomplies au moyen de la merveilleuse lumière de la Parole de Dieu. 1 Pierre 1.23 : « Puisque vous avez été régénérés, non par une semence corruptible, mais par une semence incorruptible, par la parole vivante et permanente de Dieu » ; et Jean 17.17 : « Sanctifie-les par ta vérité : ta parole est la vérité. »

d. La justification et la sanctification sont toutes deux accomplies dans le cœur par l'agence effective du Saint-Esprit de Dieu. Tite 3.5 : « Il nous a sauvés, non à cause des œuvres de justice que nous aurions faites, mais selon sa miséricorde, par le baptême de la régénération et le renouvellement du Saint-Esprit » ; et 2 Thessaloniciens 2.13 : « Pour nous, frères bien-aimés du Seigneur, nous devons à votre sujet rendre continuellement grâces à Dieu, parce que Dieu vous a choisis dès le commencement pour le salut par la sanctification de l'Esprit et par la foi en la vérité. »

e. La justification et la sanctification sont toutes deux acquises au prix du sang de Christ versé sur la croix du Calvaire. Romains 5.9 : « À plus forte raison donc, maintenant que nous sommes justifiés par son sang, serons-nous sauvés par lui de la colère » ; et Hébreux 13.12 : « C'est pour cela que Jésus aussi, afin de sanctifier le peuple par son propre sang, a souffert hors de la porte. »

f. La justification et la sanctification sont toutes deux amenées au cœur de chaque croyant en réponse à la foi. Romains 5.1 : « Étant donc justifiés par la foi, nous avons la paix avec Dieu par notre Seigneur Jésus-Christ » et Actes 26.18 : « Pour ouvrir leurs yeux, pour qu'ils se tournent des ténèbres à la lumière, et du pouvoir de Satan à Dieu ; pour qu'ils reçoivent la rémission des péchés et une part avec ceux qui sont sanctifiés, par la foi en moi » (version Darby).

Tous les chrétiens évangéliques reconnaissent, en pratique, que la nouvelle naissance, ou justification, n'est pas graduelle mais instantanée. C'est un acte de Dieu qui a lieu à un moment donné dans la vie du croyant. Mais si la justification et la sanctification sont toutes deux des produits du même amour divin, de la même volonté de Dieu, de la même Sainte Parole, du même Esprit béni, du même Sang rédempteur, et de la même condition humaine – c'est-à-dire la foi – y a-t-il aucune raison valable de supposer que l'une est instantanée alors que l'autre est graduelle ?

Si la justification est instantanée, il n'y a certainement aucune raison pour que la sanctification, accomplie par la même agence, ne soit également l'acte d'un moment.

Au fait, tout argument qui prouve l'instantanéité de la régénération a la même force lorsqu'il est appliqué à la sanctification. De même, si l'évidence du caractère immédiat de la sanctification est rejetée, il n'y a aucune base logique pour démontrer le caractère immédiat de la justification.

2. *Le témoignage des termes*

Considérons maintenant brièvement les termes utilisés pour décrire cette seconde œuvre dans le cœur du chrétien. Sans exception, l'action principale est telle qu'elle laisse sous-entendre ce qui se produit à un moment particulier.

a. Le verbe « sanctifier » est défini dans sa double signification de « mettre à part » et « rendre saint ». Il peut y avoir, il est vrai, une mise à part graduelle, une façon graduelle de rendre saint. Mais l'action décrite est beaucoup plus naturellement considérée comme momentanée et immédiate. Étant donné qu'on parle de « sanctifier » dans son sens strictement néotestamentaire, comme d'un acte divin, l'obligation de faire la preuve doit naturellement incomber à ceux qui allèguent que la sanctification est graduelle.

b. Puis, on parle de cette expérience comme d'un baptême : « Car Jean a baptisé d'eau, mais vous, dans peu de jours, vous serez baptisés du Saint-Esprit » (Actes 1.5)[2]. Le baptême est un terme qui implique toujours une action à un moment donné – jamais ce qui est étendu sur une longue période de temps, et ne peut être achevé qu'au moment de la mort. Le baptême graduel est une absurdité – qu'il s'agisse d'un baptême d'eau ou du baptême du Saint-Esprit.

c. On parle aussi de la sanctification comme d'une crucifixion ou d'une mort. Romains 6.6 : « Sachant que notre vieil homme a

Concepts contradictoires de la sainteté

été crucifié avec lui, afin que le corps du péché fût détruit, pour que nous ne soyons plus esclaves du péché. » Galates 2.20 : « J'ai été crucifié avec Christ ; et si je vis, ce n'est plus moi qui vis, c'est Christ qui vit en moi ; si je vis maintenant dans la chair, je vis dans la foi au Fils de Dieu, qui m'a aimé et qui s'est livré lui-même pour moi. » Colossiens 3.5 : « Faites donc mourir les membres qui sont sur la terre. »

Il est possible que quelqu'un ait une longue agonie, mais la mort survient toujours en un instant. La vie peut décliner sur une période de temps, mais elle laisse le corps en un instant donné. La mort graduelle est une figure de rhétorique pour une maladie mortelle. La mort elle-même est toujours instantanée.

d. La sanctification implique, en outre, le nettoyage ou la purification. Dans les versets cités au chapitre 1, les verbes « nettoyer » et « purifier » sont très utilisés. Le nettoyage et la purification peuvent être des processus continus, mais la signification naturelle de ces mots indique qu'il y a toujours un moment initial où le nettoyage et la purification ont lieu. Rendre graduel un tel acte, c'est faire dire aux mots eux-mêmes ce qu'ils n'impliquent certainement pas.

e. Cette expérience est aussi décrite comme un « don » qui doit être « reçu ». « Le don du Saint-Esprit » est fréquemment mentionné à travers le Nouveau Testament, souvent comme « la promesse du Père ». En Luc 11.13, Jésus dit : « Si donc, méchants comme vous l'êtes, vous savez donner de bonnes choses à vos enfants, à combien plus forte raison le Père céleste donnera-t-il le Saint-Esprit à ceux qui le lui demandent. » Galates 3.14 : « et que nous reçussions par la foi l'Esprit qui avait été promis. » N'est-il pas clair qu'un don est quelque chose qui passe en la possession du bénéficiaire à un moment donné ? Le don graduel d'un cadeau est une confusion de termes.

Nous pourrions multiplier les exemples. La sanctification est diversement décrite comme le dépouillement du vieil homme et le revêtement de l'homme nouveau (Éphésiens 4.20-24); c'est la destruction du corps du péché (Romains 6.6); c'est être rempli de l'Esprit (Éphésiens 5.18); c'est être scellé du Saint-Esprit qui avait été promis (Éphésiens 1.13).

En résumé: ces termes – mettre à part, rendre saint, baptiser, crucifier, faire mourir, donner, recevoir, se dépouiller, revêtir, détruire, être rempli, être scellé – sont des verbes décrivant des actions qui se produisent, le plus naturellement, en un temps et un lieu définis, et qui n'admettent pas de degrés. Ils témoignent tous du fait que la sanctification est une expérience instantanée, et non pas un processus de croissance très étendu mais jamais achevé.

3. *La logique de l'exemple*

L'expérience du prophète Esaïe, rapportée au chapitre 6 de son livre, est considérée comme un type de l'expérience de l'entière sanctification réalisée par le croyant. Esaïe fut un prophète de Dieu durant une partie du règne du roi Ozias, comme il nous le dit au chapitre 1. Mais ce ne fut qu'au cours de l'année où le roi mourut que le prophète de Dieu fit l'expérience de sa remarquable purification.

Tandis qu'il était prosterné dans le temple de Jérusalem, Esaïe vit le Seigneur «assis sur un trône très élevé», et entendit le chant des séraphins: «Saint, saint, saint est l'Éternel des armées.» Cette louange à la sainteté de Dieu ne trouva aucun écho dans le cœur du prophète, et lui qui avait auparavant prononcé des «malheurs» sur le peuple, s'exclamait maintenant pour lui-même: «Malheur à moi! je suis perdu, car je suis un homme dont les lèvres sont impures, j'habite au milieu d'un peuple dont les lèvres sont impures.»

Concepts contradictoires de la sainteté

Mais la réponse divine ne tarda pas à arriver. Un ange vola vers lui avec des pincettes d'or et un charbon ardent pris sur l'autel, toucha ses lèvres et dit : « Ceci a touché tes lèvres ; ton iniquité est enlevée, et ton péché est expié. » Tout ceci arriva en moins de temps qu'il n'a fallu pour le décrire. Ce n'était pas par la croissance ou le développement spirituel que l'iniquité d'Esaïe fut enlevée et son péché expié. C'était par l'action divine en un moment donné.

Dans le Nouveau Testament, tous les exemples du baptême du Saint-Esprit et de l'entière sanctification se trouvent dans le livre des Actes[3]. Ils sont au nombre de quatre.

a. Le premier exemple concerne les disciples de Jésus dont les noms sont écrits dans le ciel (Luc 10.20). Ils n'étaient pas du monde (Jean 14.16-17 ; 17.14) ; ils appartenaient à Christ (Jean 17.6, 11) ; ils n'étaient pas perdus, à l'exception de l'un d'entre eux (Jean 17.12) ; et ils avaient gardé les paroles de Dieu (Jean 17.6). Comme ces personnes clairement justifiées « étaient tous ensemble dans le même lieu, tout à coup il vint du ciel un bruit comme celui d'un vent impétueux … et ils furent tous remplis du Saint-Esprit » (Actes 2.1-4). Il n'y avait pas de croissance graduelle dans tout cela. La chose arriva avec la soudaineté d'un éclair dans le ciel.

b. Le deuxième exemple, tiré du livre des Actes, concernait la jeune église de Samarie. Philippe pénétra en Samarie, à la suite du martyre d'Etienne. Sa prédication eut un succès immédiat. Beaucoup de gens crurent et furent baptisés. Actes 8.8 rapporte qu'il y eut « une grande joie dans cette ville ».

Ayant entendu parler de ce réveil et du succès du ministère de la Parole, tes apôtres, réunis à Jérusalem, envoyèrent Pierre et Jean à Samarie. Quand ils y arrivèrent, ils prièrent – lisons-nous – pour ces jeunes convertis « afin qu'ils reçussent le Saint-Esprit. Car il n'était encore descendu sur aucun d'eux ; ils avaient seulement été baptisés au nom du Seigneur Jésus. Alors Pierre et Jean leur imposèrent les mains, et ils reçurent le Saint-Esprit» (Actes 8.15-17).

Certains critiques rejettent l'exemple des disciples de Christ comme n'étant pas vraiment typique, parce qu'ils vécurent sous deux dispensations. Ainsi, l'on prétend que la Pentecôte était en fait l'achèvement de leur régénération, et que chaque croyant reçoit le baptême du Saint-Esprit, au moment même où il reçoit Christ comme son Sauveur. Cet argument est réfuté par l'exemple de l'église de Samarie. Les Samaritains crurent et furent baptisés sous la nouvelle dispensation de l'Esprit, et furent plus tard remplis du Saint-Esprit à un moment donné.

c. Le troisième exemple concerne Corneille, centenier romain très pieux, et les membres de sa maison. L'écrivain inspiré de Dieu décrit Corneille en termes clairs. Il était un homme pieux et il craignait Dieu avec toute sa maison (Actes 10.2). Il priait continuellement et Dieu accepta ses prières (Actes 10.2, 4). Pierre, arrivant dans la maison de Corneille, déclara avec une prompte perspicacité spirituelle :

> *En vérité, je reconnais que Dieu ne fait point acception de personnes, mais qu'en toute nation celui qui le craint et qui pratique la justice lui est agréable. Il a envoyé la parole aux fils d'Israël, en leur annonçant la paix par Jésus-Christ ; qui est le Seigneur de tous. Vous savez ce qui est arrivé dans toute la Judée (Actes 10.34-37).*

Comme Pierre continuait à parier, le Saint-Esprit descendit soudainement sur ceux qui écoutaient. Ceci ne fut pas graduel, mais instantané. Que Pierre considérait lui-même les événements dans la maison de Corneille comme parallèles et identiques aux événements de la Pentecôte, cela se voit clairement dans son rapport au concile de Jérusalem : Dieu, connaissant leur cœur, leur rendit témoignage, et leur donna le Saint-Esprit, tout comme il le donna à la Pentecôte, purifiant leur cœur par la foi (Actes 15.8-9) ».

d. Le quatrième exemple, donné dans les Actes, est décrit en Actes 18.24 à 19.7. Il concerne les disciples à Éphèse. Étant donné qu'il y a eu tant de mésinterprétations de cet épisode, il est nécessaire de le considérer dans son contexte le plus large.

À la fin de son long ministère à Corinthe, l'apôtre Paul accompagné de ses collaborateurs, Aquilas et Priscille, traversa la mer Égée jusque dans l'Asie continentale et la ville d'Éphèse. Paul, lui-même, ne passa qu'un temps très court, prêchant dans la synagogue à Éphèse et, y laissant Aquilas et Priscille, il continua vers Antioche.

Tandis que Paul était parti, un homme appelé Apollos vint à Éphèse. Apollos nous est présenté comme un homme éloquent, très versé dans les Écritures, instruit dans la voie du Seigneur, prêchant et enseignant avec exactitude la voie du Seigneur, bien qu'il ne connût que le baptême de Jean. Reconnaissant le grand potentiel du ministère d'Apollos, Aquilas et Priscille le prirent avec eux, et lui exposèrent plus exactement la voie de Dieu (Actes 18.24-28).

Paul revint à Éphèse, peu après qu'Apollos eut laissé ses nouveaux amis pour se rendre à Corinthe. Quelle que fût leur origine, soit comme adeptes d'Aquilas et de Priscille, ou d'Apollos, Paul trouva à Éphèse un petit groupe de douze disciples. Après leur avoir posé quelques questions, il apprit qu'ils n'avaient pas encore reçu le Saint-Esprit, au moins pas comme à la Pentecôte. Mais après que Paul les eut baptisés au nom de Christ, il pria, leur imposa les mains, et ils furent remplis du Saint-Esprit.

La confusion qui entoure cet incident concerne le statut spirituel des disciples d'Éphèse. Parce qu'ils ont déclaré ne rien savoir du Saint-Esprit, et parce qu'ils avaient reçu seulement le baptême de Jean, certains soutiennent qu'ils étaient des gens non régénérés. Il y a une forte évidence que ces douze hommes étaient de vrais enfants de Dieu et que le baptême du Saint-Esprit fut pour eux une seconde expérience instantanée. Examinons donc les importantes considérations que nous trouvons ici.

(1) Ces hommes sont décrits comme disciples (Actes 19.1). Rapprochez ce verset d'Actes 11.26: «Ce fut à Antioche que, pour la première fois, les disciples furent appelés chrétiens.» Cela veut dire que les termes «chrétien» et «disciple» furent utilisés l'un pour l'autre dans le livre des Actes. Il n'y a aucun autre exemple de l'usage du terme «disciple» dans les Actes pour personne d'autre que les vrais croyants en Christ.

(2) Paul ne contesta pas le fait de leur foi. Il leur demanda plutôt: «Avez-vous reçu le Saint-Esprit quand vous avez cru?» (Actes 19.2). Que l'on traduise ce passage comme il apparaît dans la version Segond (que nous venons de citer) ou selon la version Darby: «Avez-vous reçu l'Esprit Saint après avoir cru», cela ne fait pas la moindre différence en ce qui concerne le point que nous discutons. De toute façon, on admet qu'ils ont cru, et il est évident qu'ils n'avaient pas encore reçu le Saint-Esprit dans le sens dont Paul parle.

(3) le fait qu'ils n'avaient pas conscience d'avoir reçu le Saint-Esprit ne signifie pas qu'ils n'avaient pas été convertis. Dwight Moody déclara que plusieurs années après sa conversion il ne savait pas que le Saint-Esprit était une personne, et que beaucoup de croyants de nos jours sont aussi ignorants de la personne et de l'œuvre du Saint-Esprit, tout comme les croyants d'Éphèse[5].

(4) le fait que ces hommes n'avaient reçu que le baptême de Jean ne prouve pas qu'ils furent inconvertis au sens chrétien le plus complet du terme. En fait, on parle du baptême de Jean comme étant un «baptême de repentance, pour la rémission des péchés» (Marc 1.4). Apollos, instruit dans les voies du Seigneur,

fervent dans l'Esprit, annonçant et enseignant avec exactitude la voie du Seigneur, ne connaissait que le baptême de Jean.

(5) On voit que Paul était satisfait de la foi de ces disciples, par le fait qu'il les rebaptisa au nom du Seigneur Jésus-Christ avant qu'ils fussent remplis du Saint-Esprit. Si, en ce temps-là, ils étaient seulement en train d'être régénérés au sens chrétien, Paul était alors coupable d'avoir baptisé un groupe d'hommes inconvertis. Nous ne nierons pas que cela a été pratiqué depuis, mais nous ne pouvons admettre que Paul ait commencé la pratique à Éphèse.

(6) le Seigneur Jésus lui-même témoigne que « recevoir » le Saint-Esprit se réfère à quelque chose de plus que naître de nouveau par l'Esprit et être conduit par l'Esprit. Dans Jean 14.15-17, nous lisons :

> *Si vous m'aimez, gardez mes commandements. Et moi, je prierai le Père, et il vous donnera un autre consolateur, afin qu'il demeure éternellement avec vous, l'Esprit de vérité, que le monde ne peut recevoir, parce qu'il ne le voit point et ne le connaît point ; mais vous, vous le connaissez, car il demeure avec vous, et il sera en vous.*

Ici, Jésus indique clairement que le monde et ceux qui sont du monde ne peuvent recevoir le Saint-Esprit. On doit le connaître avant de le recevoir. On doit avoir l'Esprit avec soi avant qu'on puisse avoir l'Esprit en soi. Alors que la phrase : « Recevez le Saint-Esprit » est utilisée quatre fois seulement dans le Nouveau Testament (Jean 14.17 ; Actes 8.15-17 ; Actes 19.2 et Galates 3.14), dans chaque cas elle indique clairement que c'est le croyant seul qui est en position de recevoir le Saint-Esprit. Nous ne devrions pas mettre trop d'accent sur l'argument de l'analogie, mais ce n'est sûrement pas par accident que les écrivains inspirés du Nouveau Testament ont choisi des figures comme « naître de l'Esprit » pour représenter la régénération, et être « baptisé de

Processus et crise dans la sanctification

l'Esprit» pour décrire la seconde bénédiction. Évidemment, dans l'ordre de la nature, la naissance doit précéder le baptême – un enfant doit naître avant d'être baptisé.

Voilà donc la logique de l'exemple. Chaque cas fut caractérisé par son caractère immédiat. Chacun d'eux arriva à un moment donné dans l'expérience des personnes impliquées. Il n'y a nulle part trace de la sanctification par la croissance, un long et douloureux processus de discipline personnelle, jamais achevé jusqu'au moment de l'enlèvement. Si la sanctification est par la foi, alors «ce n'est point par les œuvres, afin que personne ne se glorifie» (Éphésiens 2.9). Voyez aussi Romains 11.6.

III. LE TÉMOIGNAGE DES TEMPS DES VERBES

Il y a une autre catégorie impressionnante de preuves, conduisant à l'acceptation de l'instantanéité de la sanctification, qui est d'un intérêt particulier pour l'étudiant de la Bible possédant quelques connaissances de la grammaire grecque. On trouve le résumé le plus persuasif de cet argument dans un article intitulé «La lecture des temps du Nouveau Testament grec» et tiré du livre *Milestone Papers* [Documents de la balise] écrit par Daniel Steele, docteur en théologie[6].

Le point principal dans cet argument se trouve dans le fait que les temps des verbes grecs ont en quelque sorte une signification différente de ceux des verbes français. Les temps de nos verbes traitent principalement du temps de l'action – passé, présent, futur. Les temps grecs délimitent le temps, mais plus particulièrement le genre d'action. C'est que l'action peut être vue comme un processus continu, appelé action linéaire; ou elle peut être vue comme un tout dans ce qu'on appelle une action momentanée ou ponctuelle. Ainsi, une action continue ou un état d'inachèvement est dénoté par les temps du présent et de l'imparfait grec. D'autre part, l'action ponctuelle, qui est momentanée, est exprimée par l'usage régulier de l'aoriste. William Hersey Davis déclare: « L'aoriste lui-même signifie toujours une action ponctuelle[7]. »

L'aoriste se réfère aux actions « considérées comme des événements ou des faits particuliers sans référence au temps qu'elles ont occupé[8] ». À l'exception de l'aoriste de l'indicatif, qui indique une action passée, les formes aoristes sont indéfinies quant au temps. Elles représentent toutes une action ponctuelle opposée à une action linéaire. Elles décrivent des événements importants achevés, traités comme une totalité. L'aoriste, déclare Alford, implique un acte défini[9].

On peut voir le rapport de tout cela avec notre présent sujet dans la citation suivante tirée de l'ouvrage de Steele, mentionné auparavant. Parlant des résultats de son étude de l'usage des temps des verbes dans des passages clefs du Nouveau Testament, il déclare:

> *1. Toute exhortation à la prière et toute tentative spirituelle dans la résistance à la tentation sont ordinairement exprimées au temps présent, ce qui indique fortement la persistance…*
>
> *2. Le deuxième fait qui nous impressionne dans notre investigation est l'absence de l'aoriste et la présence du temps présent, toutes les fois que les conditions du salut final sont mentionnées. Nous inférons, donc, que les conditions du salut final sont continues, se prolongeant pendant toute la période de notre probation, et ne sont achevées dans aucun acte particulier. La grande condition requise est la foi en Jésus-Christ. Une étude soigneuse du grec convaincra l'étudiant qu'il est faux d'enseigner qu'un seul acte de foi fournisse à une personne une police d'assurance sur la vie qui ne peut être confisquée, garantissant au porteur qu'il héritera la vie éternelle, ou qu'un seul effort de foi assure un*

Processus et crise dans la sanctification

billet d'entrée au ciel, comme cela est enseigné par les Frères de Plymouth ou par certains évangélistes laïcs populaires. Les temps grecs démontrent que la foi est un état, une habitude de l'esprit dans laquelle le croyant entre au moment de sa justification ...

3. Mais lorsque nous parvenons à considérer l'œuvre de la purification dans l'âme du croyant, par la puissance du Saint-Esprit, à la fois dans la nouvelle naissance et dans l'entière sanctification, nous trouvons que l'aoriste est presque uniformément utilisé. Ce temps, selon les meilleurs grammairiens du Nouveau Testament, n'indique jamais un acte continu, habituel ou répété, mais un acte qui est momentané, et accompli une fois pour toutes[10].

Nous avons essayé, en vain, de trouver un de ces verbes (dénotant la sanctification et la perfection) à l'imparfait, lorsqu'on parle d'individus. Le verbe hagiazo, *sanctifier, est toujours à l'aoriste ou au parfait ... La même chose peut être dite des verbes* katharizo *et* hagnizo, *purifier. Notre inférence est que l'énergie du Saint-Esprit dans l'œuvre de l'entière sanctification, quelque longue que soit la préparation, est exprimée d'un seul coup par un acte momentané. Ceci est confirmé par le témoignage universel de ceux qui ont fait l'expérience de cette grâce[11].*

Ce fut E.F. Walker qui fit remarquer, plusieurs années de cela, que toutes les théories de la sanctification doivent reconnaître, en dernière analyse, son instantanéité. Si la sanctification se produit à la mort physique, ou à la résurrection, elle doit arriver en un instant. Même si elle se produit par la croissance, il doit y avoir un moment où la pleine croissance est atteinte. Le débat tourne autour de la question à savoir quand arrive cet instant d'achèvement.

Nous affirmons, ici, que le témoignage de la Parole de Dieu est final. L'heure du plein salut n'est pas une heure éloignée dans le futur. Le jour de la délivrance de tout péché inné n'est pas un jour très éloigné. Chaque impératif divin, chaque commandement de Dieu est pour le moment présent, jamais pour l'avenir. «Voici maintenant le temps favorable, voici maintenant le jour du salut» (2 Corinthiens 6.2).

CHAPITRE TROIS

PERFECTION CHRÉTIENNE ET PÉCHÉ

L'une des questions les plus importantes discutées dans les cercles évangéliques modernes se rapporte à la définition du péché. Cette question est plus qu'un argument théorique à propos de l'emploi correct des termes. Elle va droit au cœur même de la vie et de l'expérience chrétienne. Elle touche à toutes les branches de la doctrine du salut, affectant radicalement, par-là, notre conception de tout le plan de rédemption. Comme l'a démontré Richard S. Taylor de manière concluante dans son livre *A Right Conception of Sin*[1] [Une vraie conception du péché], le concept du péché est fondamental à la pensée chrétienne.

Notre but, dans ce chapitre, n'est pas de considérer le problème dans tous ses aspects. Nous nous proposons plutôt de suggérer, en premier lieu, un test crucial qui peut être appliqué à la définition du péché – ou à toute autre définition à cette fin – afin d'arriver à formuler d'une manière exacte la signification du terme en question. Nous indiquerons ensuite l'influence de la définition acceptée sur la doctrine de l'entière sanctification.

I. LA SIGNIFICATION DU TERME PÉCHÉ

Quel est le vrai sens du mot « péché » dans le Nouveau Testament ? Est-ce qu'il signifie, comme on le dit souvent, dévier d'une manière quelconque d'une norme absolue et objective de justice parfaite ? Ou bien est-ce que l'essence du péché consiste en une mauvaise intention ou un motif impur ? Nous pouvons par convenance, sans pour autant porter préjudice au cas, appeler

Concepts contradictoires de la sainteté

le premier point de vue le concept légal du péché, et le second point de vue le concept éthique. Les deux conduisent dans des directions diamétralement opposées.

Il y a, comme on le sait bien, deux emplois majeurs du terme péché et de ses termes connexes dans la Bible. Ceux-ci sont indiqués en général par les parties du discours en question. Le terme péché est employé comme un nom, et lorsqu'il est au singulier il décrit habituellement une nature, un état du caractère, un aspect de l'être. Un exemple d'un tel usage se trouve au chapitre six de l'épître aux Romains :

> *Car le péché n'aura point de pouvoir sur vous, puisque vous êtes, non sous la loi, mais sous la grâce ... Mais maintenant, étant affranchis du péché et devenus esclaves de Dieu, vous avez pour fruit la sainteté et pour fin la vie éternelle (Romains 6.14, 22).*

Le terme péché est encore employé comme un verbe, pour dénoter un genre d'action, un mode de conduite. Puisque les formes des noms dérivent du verbe, et puisque nous traitons ici de la nature des actions pécheresses, nous concentrerons notre attention pour le moment sur le verbe pécher et nous tâcherons d'apprendre le genre de conduite auquel il se réfère. Le verbe grec le plus fréquemment utilisé pour dénoter l'action pécheresse dans le Nouveau Testament est *hamartano*, défini traditionnellement comme « manquer le but ». La signification de la racine du mot grec nous offre peu de lumière sur son usage scripturaire. Il n'y a aucune indication quant à la nature du but que l'on a manqué ou pourquoi et comment on l'a manqué. Un archer peut faillir en tirant sur la mauvaise cible, en visant avec négligence, parce qu'il est trop faible pour bander l'arc, ou simplement parce qu'il est un mauvais tireur.

L'aide que nous pouvons tirer de l'étude de la dérivation et de l'étymologie du terme est donc minime. Nous devons formuler et vérifier notre définition sur des bases autres que celle de la signification du terme original.

Le péché est souvent défini comme « toute violation de, ou manque de se conformer à la parfaite volonté de Dieu ». Chafer déclare que le croyant, qui sonde sa vie pour voir s'il a péché, devrait se demander :

> *Ai-je fait toute sa volonté et rien que sa volonté avec des motifs aussi purs que le ciel et dans la fidélité inébranlable de l'attitude caractérisant l'Infini ?*

Si c'est là le critère, aucun de nous n'a besoin de chercher trop loin. Quelle est la créature finie qui peut vivre dans la « fidélité inébranlable de l'attitude caractérisant l'Infini » ?

Ce point de vue jugerait tout comportement d'une manière objective, tel qu'il se rapporte à une loi abstraite de justice parfaite. Le péché est alors défini comme toute déviation à cette norme absolue, quelle qu'en soit l'occasion ou la cause. Puisque aucune créature finie ne peut échapper à de telles faillites, on a conclu que le fait d'être humain c'est d'être passible de pécher chaque jour, par pensée, par parole et par action.

Les théologiens arminiens ont généralement voulu admettre ce qu'on appelle une définition plus large du péché. Cependant, ils lui ont du même coup opposé une définition stricte qui entend le péché comme étant « la transgression délibérée d'une loi de Dieu connue ».

John Wesley a mentionné cette définition dans un fameux passage de son livre *Un exposition claire et simple de la perfection chrétienne* :

> *Les hommes les plus pieux ont encore besoin de Christ dans son office sacerdotal, pour expier les erreurs de jugement et de pratique, et leurs infirmités de diverses espèces ; car toutes ces choses sont des déviations de la loi parfaite, et par conséquent elles demandent une expiation ; toutefois, ce ne sont*

> *point proprement des péchés, comme le prouvent ces paroles de saint Paul: « Celui qui aime a accompli la loi, car l'amour est l'accomplissement de la loi » (Romains 13.10). Or les erreurs et toutes les infirmités qui résultent nécessairement de l'état corruptible du corps, ne sont nullement contraires à l'amour, et par conséquent elles ne sont point ce que l'Écriture appelle péché....*
>
> *Non seulement ce qu'on appelle proprement péché (c'est-à-dire, une transgression volontaire d'une loi divine connue) mais encore ce qu'on appelle improprement péché (c'est-à-dire, une transgression involontaire de cette même loi, qu'elle soit connue ou non) demande le sang expiatoire; je pense qu'en cette vie il n'y a aucune perfection qui exclue ces transgressions involontaires, que je vois résulter naturellement de l'ignorance et des erreurs inséparables de l'humanité; je pense qu'une personne remplie de l'amour de Dieu est encore sujette à ces transgressions involontaires; par conséquent, la « perfection sans péché » est une expression que je n'utilise jamais, par crainte de sembler me contredire. De telles transgressions, vous pouvez, si bon vous semble, les appeler péché; quant à moi, je ne leur donne point ce nom, à cause des raisons ci-dessus. Nous croyons qu'une personne remplie de l'amour de Dieu est encore susceptible de transgressions involontaires[3].*

Sans ignorer la définition « large », nous pensons que le deuxième point de vue de Wesley est le plus rapproché du concept du Nouveau Testament sur le péché. Le péché, dans le Nouveau Testament, est un concept éthique et non légal. Comme tel, il doit impliquer à la fois la connaissance ou la lumière, et le choix ou le motif.

Tout cela prend une importance primordiale lorsque nous nous tournons vers la question de la délivrance du croyant du péché. La définition légale ou « large » du péché renferme nécessairement la définition éthique ou « strict ». La question alors se pose : Un chrétien peut-il vivre une vie exempte de péché ? Ici, comme toujours, notre norme la meilleure est la Parole de Dieu.

II. DE LÀ MISE À L'ÉPREUVE D'UNE DÉFINITION

Le principe fondamental dont il s'agit dans la discussion des quelques pages qui suivent peut être simplement énoncé comme suit : le sens dans lequel un terme est employé ne peut être déterminé qu'en substituant la définition pour le terme dans le contexte où il se présente. Si le passage entier demeure compréhensible, lorsque la définition proposée est substituée pour le terme en question, alors la définition est satisfaisante. Cependant, si le passage devient incohérent ou dénué de sens, lorsque la définition proposée est substituée pour le terme en question, alors la définition doit être considérée comme insatisfaisante.

Considérons, à titre d'illustration, le proverbe familier : « L'exception prouve [confirme ou justifie] la règle. » le verbe « prouver » a, au moins, deux définitions. Il peut être défini comme « établir la vérité de quelque chose ». Il peut aussi être défini comme « mettre à l'épreuve la vérité de quelque chose ». Ainsi nous prouvons une proposition géométrique au premier sens ; et au deuxième sens, nous avons des terrains d'essai où l'efficacité de l'artillerie de l'armée peut être mise à l'épreuve.

Quelle est donc la signification du verbe « prouver » dans le dicton : « L'exception prouve la règle ? » Essayez la substitution de la première définition : « L'exception établit la vérité de la règle. » Cette définition est clairement fausse et se contredit elle-même. Dans ce contexte, la première définition n'a pas de sens. Essayez la substitution de la seconde définition : « L'exception met à l'épreuve la vérité de la règle. » Celle-ci est pleine de sens et vraie, et elle établit la seconde définition comme celle qui exprime le mieux la signification du terme en question.

C'est ce que nous proposons comme méthode pour déterminer précisément la signification du verbe «péché» dans le Nouveau Testament. Présentons, tout d'abord, les deux définitions opposées aussi succinctement que possible ; puis substituons chacune tour à tour pour les quarante et un usages du verbe dans le Nouveau Testament[4]. De cette façon nous serons à même de déterminer laquelle des deux définitions est la plus rapprochée du concept néotestamentaire de *hamartano,* «péché».

Étant donné qu'une étude des 41 versets prendrait trop de pages, nous nous contenterons de donner, tout d'abord, un résumé des résultats obtenus d'un examen complet de tous les passages, puis nous présenterons plusieurs exemples typiques de la méthode employée.

La définition légale du péché peut être brièvement énoncée comme suit : «Dévier d'une manière quelconque d'une norme absolue de conduite parfaite.» La définition éthique peut être donnée dans la phrase lapidaire de Wesley : «transgresser délibérément une loi connue de Dieu.»

Nous obtenons de très intéressants résultats en faisant la substitution dans chacune des quarante et une références[5]. La définition éthique est significative et s'adapte à toutes les quarante et une références, sans aucune exception. La définition légale n'a de sens que dans quatre d'entre elles. Elle ne peut être substituée à aucune des trente-sept autres sans incohérence et contradiction.

Le fait que la définition légale – «dévier d'une manière quelconque d'une norme absolue d'une conduite parfaite» – a un sens dans quatre des passages ne signifie pas pour autant qu'elle constitue en elle-même la définition correcte pour ces passages. La définition éthique s'adapte encore mieux à ces mêmes passages, et elle a l'extraordinaire avantage d'être en harmonie avec le reste du Nouveau Testament.

Jetons un bref coup d'œil sur les quatre cas dans lesquels les deux définitions sont valables. Ces références se lisent comme suit :

> *Tous ceux qui ont péché sans la loi périront aussi sans la loi, et tous ceux qui ont péché avec la loi seront jugés par la loi (Romains 2.12).*
>
> *Car tous ont péché et sont privés de la gloire de Dieu (Romains 3.23).*
>
> *Si nous disons que nous n'avons pas péché, nous le faisons menteur, et sa parole n'est point en nous (1 Jean 1.10).*

Comme nous l'avons déjà dit, nous pourrions lire ces versets en substituant la définition légale au mot péché et obtenir un sens assez acceptable. Nous pourrions lire, par exemple :

> *Tous ceux qui ont dévié d'une manière quelconque d'une norme absolue de conduite parfaite sans la loi périront aussi sans la loi, et tous ceux qui ont dévié d'une norme absolue avec la loi seront jugés par la loi.*
>
> *Car tous ont dévié d'une norme absolue de conduite parfaite et sont privés de la gloire de Dieu.*
>
> *Si nous disons que nous n'avons pas dévié d'une norme absolue de conduite parfaite, nous le faisons menteur, et sa parole n'est point en nous.*

Cependant, il faut remarquer combien plus naturelle et plus significative est la définition éthique dans ces mêmes passages.

> *Tous ceux qui ont transgressé délibérément une loi connue de Dieu sans la loi périront aussi sans la Loi, et tous ceux qui ont transgressé délibérément une loi connue de Dieu avec la Loi seront jugés par la Loi.*
>
> *Car tous ont transgressé délibérément une loi connue de Dieu et sont privés de sa gloire.*

Si nous disons que nous n'avons pas transgressé délibérément une loi connue de Dieu, nous le faisons menteur et sa parole n'est point en nous.

III. LÀ DÉFINITION LÉGALE EST NON SCRIPTURAIRE

Les versets décisifs sont les 37 avec lesquels la définition légale ne s'harmonise pas. Aucune définition ne saurait passer pour satisfaisante, si elle détruit la signification de neuf dixièmes des passages dans lesquels le terme apparaît. À titre d'illustration, nous allons considérer cinq versets choisis arbitrairement :

1. En Jean 5.14, nous lisons :

> *Depuis, Jésus le trouva dans le temple, et lui dit : Voici, tu as été guéri ; ne pèche plus, de peur qu'il ne t'arrive quelque chose de pire.*

Substituons la définition légale. Nous lisons alors :

> *Voici, tu as été guéri ; ne dévie plus en aucune manière d'une norme absolue de conduite parfaite, de peur qu'il ne t'arrive quelque chose de pire.*

Ceci pourrait certainement placer le pauvre type dans une mauvaise posture ! Comment pourrait-il éviter toutes les déviations, connues ou inconnues, délibérées ou non, d'une norme parfaite ? Mais lorsque nous introduisons la définition éthique du péché, la demande de notre Seigneur devient raisonnable et possible, par sa grâce.

> *Voici, tu as été guéri ; ne transgresse plus délibérément la loi connue de Dieu, de peur qu'il ne t'arrive quelque chose de pire.*

2. Notre deuxième texte est Romains 6.15 :

> *Quoi donc ! Pècherions-nous, parce que nous sommes, non sous la loi, mais sous la grâce ? Loin de là !*

En y substituant la définition légale, nous nous trouvons en face de cette absurdité patente :

> *« Quoi donc ! Allons-nous dévier, d'une manière quelconque, d'une norme absolue de justice parfaite, parce que nous sommes, non sous la loi, mais sous la grâce ? Loin de là ! »*

Cependant, la définition éthique place devant nous la norme néotestamentaire du comportement chrétien :

> *Quoi donc ! Allons-nous délibérément transgresser la loi connue de Dieu, parce que nous sommes, non sous la loi, mais sous la grâce ? Loin de là !*

3. Un autre verset tiré des épîtres pauliniennes est 1 Corinthiens 15.34 :

> *Revenez à vous-mêmes ... et ne péchez point ; car quelques-uns ne connaissent pas Dieu, je le dis à votre honte.*

En y substituant la définition légale, nous aurions :

> *Revenez à vous-mêmes ... et ne déviez jamais en aucune manière d'une norme absolue de conduite parfaite ; car quelques-uns ne connaissent pas Dieu.*

Puisque ceux qui s'en tiennent à cette définition nient la possibilité de vivre sans péché en paroles, en pensées ou en actions chaque jour, cette négation fait de ce verset une absurdité. Cependant, la définition éthique révèle cela comme l'obligation universelle de tous les croyants du Nouveau Testament :

> *Revenez à vous-mêmes ... et ne transgressez jamais volontairement la loi connue de Dieu ; car quelques-uns ne connaissent pas Dieu.*

4. Un quatrième verset se trouve en Hébreux 10.26. C'est un verset formel qui nous avertit que la rédemption de Christ n'a aucun effet sur ceux qui vivent délibérément dans le péché. Nous lisons :

> *Car, si nous péchons volontairement après avoir reçu la connaissance de la vérité, il ne reste plus de sacrifice pour les péchés.*

La présence du mot «volontairement», qui met en évidence le caractère délibéré du péché en question, rend notre substitution difficile. Cependant, il pourrait résulter en quelque chose comme ce qui suit:

> *Car, si nous déviions d'une manière quelconque d'une norme de conduite parfaite après avoir reçu la connaissance de la vérité, il ne reste plus de sacrifice pour les péchés.*

Cela suffirait à plonger n'importe qui dans le désespoir. Mais supposons que nous le lisions avec la définition éthique du péché:

> *Car si nous transgressons délibérément et volontairement la loi connue de Dieu, après avoir reçu la connaissance de la vérité, il ne reste plus de sacrifice pour les péchés.*

C'est un sérieux avertissement, mais un avertissement qui est en harmonie avec toute la portée du Nouveau Testament. Il n'est pas donné dans le but d'enlever tout espoir à la personne rétrograde, mais pour avertir tous les hommes – sans considération de leur position passée dans la grâce – que personne ne peut vivre volontairement dans le péché connu et réclamer à bon droit l'efficacité de la mort rédemptrice de Christ. Un examen du texte original dévoile ici la forme participiale du verbe – «en péchant volontairement, il ne reste plus de sacrifice pour les péchés». Lorsque la personne rétrograde se tourne vers Dieu et abandonne son état de péché par une repentance sincère, elle trouve alors une parfaite suffisance dans le Sang rédempteur comme sacrifice pour ses péchés.

5. Le dernier passage à considérer se trouve en 1 Jean 3.8-9. Nous lisons donc:

Perfection chrétienne et péché

> *Celui qui pèche est du diable, car le diable pèche dès le commencement. ... Quiconque est né de Dieu ne pratique pas le péché, parce que la semence de Dieu demeure en lui; et il ne peut pécher, parce qu'il est né de Dieu.*

Un des termes employés ici c'est un nom, et trois sont des verbes. Cependant, la cohérence du passage exige que tous ces termes soient compris comme ayant la même signification.

Vérifions ici, tout d'abord, la définition légale. Les versets en question pourraient se lire ainsi :

> *Celui qui dévie d'une manière quelconque d'une norme absolue de justice parfaite est du diable, car le diable dévie ainsi dès le commencement. ... Quiconque est né de Dieu ne dévie pas de la justice absolue, parce que la semence de Dieu demeure en lui; et il ne peut ainsi dévier parce qu'il est né de Dieu.*

Cela limiterait drastiquement le nombre des enfants de Dieu, et éliminerait assurément tous les êtres humains.

Cependant, lorsque nous abordons la définition éthique et reconnaissons les formes des verbes, comme celles utilisées pour marquer une action coutumière et répétée, nous trouvons que ces versets sont en pleine harmonie avec toute la vérité révélée de Dieu :

> *Celui qui volontairement viole la loi connue de Dieu est du diable, car le diable viole ainsi la loi de Dieu dès le commencement. ... Quiconque est né de Dieu ne viole pas volontairement la loi connue de Dieu; parce que la semence de Dieu demeure en lui; et il ne peut volontairement violer la loi connue de Dieu, parce qu'il est né de Dieu.*

Certains ont essayé de changer la force de ce verbe par l'interprétation des mots « il ne peut pécher » par « il n'est pas capable de pécher ». Il faut faire ressortir, cependant, que

Concepts contradictoires de la sainteté

l'expression «ne peut pas» est employé ici dans un sens logique et législatif, et non pour indiquer l'incapacité.

Nous pouvons, par exemple, paraphraser ce verset de la manière suivante pour déceler toute sa signification. «Celui qui est honnête, ne dérobe point, car son honnêteté demeure en lui, et il ne peut dérober parce qu'il est honnête.» Cela est plein de sens. Mais cela ne veut pas dire qu'un homme honnête est incapable de prendre quelque chose qui ne lui appartient pas. Il possède des mains et des pieds et des désirs tout comme les autres hommes. Ce qu'il veut dire c'est qu'un homme honnête ne peut dérober. Il est logiquement impossible d'être honnête et voleur à la fois. Lorsqu'un homme honnête commence à dérober, il cesse d'être honnête et devient un voleur.

Encore une autre paraphrase: «Celui qui est véridique ne ment point, car sa sincérité demeure en lui, et il ne peut mentir, parce qu'il est véridique.» Voilà une autre phrase pleine de sens. Cela ne veut pas dire que l'homme véridique n'a pas de langue, de lèvres et la faculté de penser pour fabriquer des faussetés. Cela veut dire que lorsqu'un homme véridique commence à mentir, il n'est plus véridique. Il devient menteur. Et tout comme il n'existe nulle part, dans l'univers de Dieu, un voleur honnête ou un menteur sincère, il n'existe de même nulle part, dans l'univers de Dieu, un saint pécheur, ou un enfant de Dieu vivant dans une violation volontaire de la loi de Dieu connue.

Cela ne veut pas dire qu'un enfant de Dieu sincère ne peut céder et commettre un péché dans un moment de faiblesse spirituelle et sous la pression d'une forte tentation. Néanmoins, Dieu a pourvu à un remède instantané contre ce problème, comme cela est démontré dans le passage suivant:

> *Mes petits enfants, je vous écris ces choses, afin que vous ne péchiez point. Et si quelqu'un a péché, nous avons un avocat auprès du Père, Jésus-Christ le juste. Il est lui-même une*

victime expiatoire pour nos péchées, non seulement pour les nôtres, mais aussi pour ceux du monde entier (1 Jean 2.1-2).

Ici, les verbes sont à l'aoriste, et indiquent une action non habituelle et répétée. Mais ici encore, l'erreur consiste dans l'idée que les enfants de Dieu ne peuvent éviter le péché. Jean donne cette exhortation afin qu'ils ne pèchent pas! le comportement normal est «que vous ne péchiez point». La déclaration qui suit immédiatement la précédente – «si quelqu'un a péché» – indique que le péché est l'exception et non la règle. Mais quand la tragédie a lieu – et le péché dans la vie du chrétien n'est rien d'autre que cela – Dieu a pourvu à un remède qui consiste en une confession immédiate et dans le plaidoyer de «Jésus-Christ le juste» en notre faveur. On doit donc recourir sans délai au sang de Jésus, afin que son efficacité puisse être appliquée.

Manquer de réparer immédiatement la brèche, c'est ouvrir la porte à d'autres péchés et rétrograder complètement. Ce n'est pas le simple acte exceptionnel, que l'on confesse immédiatement et que l'on abandonne qui écrase la vie spirituelle, mais plutôt la persistance impénitente. Un étranger demanda à un vieux pêcheur sur le quai:

– Si quelqu'un tombait ici, se noyerait-il ?

– je ne le crois pas, fut la réponse.

– Pourquoi pas, l'eau n'est-elle pas assez profonde ?, demanda l'autre.

– Très profonde, répondit le vieil homme, mais ce n'est pas tomber qui noie le bonhomme, c'est plutôt y rester.

Changeons la métaphore. Une voiture, avec un pneu crevé, ne représente certainement pas l'état normal des choses. Toutes les voitures sont construites pour rouler sur quatre pneus bien gonflés. Quand il y a crevaison, il y a deux choses à faire. On peut, d'une part, conduire jusqu'à la prochaine station de service ou à un garage – cinq, six ou quinze kilomètres plus loin. Mais cela implique non seulement la réparation du pneu crevé, mais aussi l'acquisition d'une chambre à air neuve, d'un pneu neuf, et peut-être même d'une jante neuve. Le dommage mécanique causé pourrait être tel qu'une révision majeure serait nécessaire afin de remettre la voiture en état de reprendre la route. On peut, d'autre part, s'arrêter au moment même pour réparer la crevaison ou monter le pneu de rechange, et continuer sans aucun dommage permanent.

Trop de jeunes chrétiens, pris momentanément dans les pièges du péché, continuent encore à courir sur le pneu crevé, pour ainsi dire, jusqu'au prochain réveil ou la prochaine réunion en plein air. Ils abandonnent leur foi et rejettent leur confiance, et lorsque le prochain réveil ou la réunion en plein air arrive, ils ont non seulement une crevaison à réparer, mais ils doivent faire l'acquisition d'une chambre à air neuve, d'un pneu neuf et d'une jante neuve. Une révision majeure est nécessaire afin de les remettre sur la route. Il est tellement mieux de s'arrêter immédiatement, de demander et d'obtenir le pardon, et de repartir sans heurt avec la communion ininterrompue avec Dieu!

Le fait de mettre à l'épreuve ces deux différentes définitions du péché nous conduit à la conclusion que la définition légale est inadmissible. La définition éthique, par contre, triomphe de l'épreuve cruciale dans chaque cas. De plus, il devient évident que le Nouveau Testament maintient pour la vie chrétienne, en général, et pour la vie sanctifiée, en particulier, une norme qui n'aurait point de place pour la conduite pécheresse.

IV. L'IMPORTANCE D'UN VRAI CONCEPT DU PÉCHÉ

Quelqu'un peut bien se demander à ce point: «Mais quelle différence une certaine définition du péché peut-elle faire? N'est-ce pas là un simple débat de mots? Pourquoi ne pas appeler «péchés» les défaillances de la mémoire, les erreurs de jugement, les imperfections de la conduite causées par les infirmités humaines?»

La réponse est triple. Premièrement, «appeler péché ce qui ne l'est pas, ouvre aussi la porte au péché réel[7]», pour répéter le Dr H. Orton Wiley. Accepter la définition légale ou «large» du péché, c'est être forcé d'admettre que les êtres humains limités par la chair ne peuvent échapper à l'esclavage du péché. Et dire que tout est péché, c'est dire, en effet, que rien n'est péché. Il est impossible de classer les péchés. Si les promesses oubliées, les jugements fautifs et les infirmités humaines sont des péchés, il n'y a alors aucune distinction qualitative entre ces soi-disant «péchés» et le mensonge, le vol, ou l'immoralité. La porte est alors grande ouverte au péché sous toutes ses formes.

Deuxièmement, la connaissance et la conscience du chrétien affirment qu'il y a ici une différence qualitative cruciale. Lorsque nous jugeons selon la loi du droit objectif, il n'y a aucune différence entre une promesse oubliée et une promesse non tenue. En vertu de cette même loi, il n'y a aucune différence entre une représentation erronée des faits, due à l'ignorance, et un mensonge. Dans chacun des cas, une promesse n'a pas été réalisée et une contre-vérité a été prononcée.

La différence saute aux yeux quand le problème est considéré subjectivement. Dans le cas de la promesse oubliée et celui de la représentation erronée des faits, due à l'ignorance, il y a du regret – mais pas de culpabilité. Il y a de la tristesse, mais pas de péché. Les défaillances de la mémoire et l'ignorance sont regrettables, et elles doivent être évitées autant que possible. Cependant, elles n'interrompent pas la communion avec Dieu, ni ne provoquent de condamnation dans la conscience chrétienne.

La conscience trouve toujours l'essence du péché dans le domaine de l'intention ou du motif. Cela ne doit en aucun sens minimiser le côté matériel et objectif de la loi morale. Elle n'accorde pas de licence pour commettre des gaffes même si nos intentions sont bonnes. Elle reconnaît, cependant, que le péché est fondamentalement une affaire de choix, d'intention, de but.

Troisièmement, cette distinction est vitale parce que scripturaire. La Bible reconnaît d'une page à l'autre la réalité des défauts et des infirmités, et les distingue d'une façon marquante du péché. Christ, par exemple, nous sauve de nos péchés (Matthieu 1.21). Il nous purifie du péché de la chair (1 Jean 1.7); mais il compatit à nos infirmités et il les a lui-même ressenties (Hébreux 4.15). Cela représente une différence vitale de notre attitude envers le péché – péché inné et actes de péché – d'une part, et les faiblesses humaines d'autre part.

En outre, le Saint-Esprit convainc de péchés (Jean 16.8), nous délivre de la nature charnelle (Romains 8.2), mais il nous aide dans nos faiblesses (Romains 8.26). Le pardon des péchés et la purification du péché sont accomplies instantanément. Les faiblesses ne peuvent être guéries par une expérience instantanée, mais elles doivent être affrontées jour après jour sur le champ de bataille de la vie, et vaincues ou sublimées avec l'aide de l'Esprit.

La loi morale elle-même est d'un caractère tel qu'elle ne peut être maintenue que par ceux dont l'amour et le motif sont purs, et non par une conformité extérieure seule, quelque détaillée qu'elle puisse être. C'est ce que Paul exprime clairement en Romains 13.8-10: «Ne devez rien à personne, si ce n'est de vous aimer les uns les autres; car celui qui aime les autres a accompli la loi. En effet, les commandements: Tu ne commettras point d'adultère, tu ne tueras point, tu ne déroberas point, tu ne convoiteras point, et ceux qu'il peut encore y avoir, se résument dans cette parole: Tu aimeras ton prochain comme toi-même.

L'amour ne fait point de mal au prochain: l'amour est donc l'accomplissement de la loi. » Nous trouvons encore en Galates 5.14: « Car toute la loi est accomplie dans une seule parole, dans celle-ci: Tu aimeras ton prochain comme toi-même. » Jésus proclame la même vérité en Matthieu 22.37-40: « Jésus lui répondit: Tu aimeras le Seigneur, ton Dieu, de tout ton cœur, de toute ton âme, et de toute ta pensée. C'est le premier et le plus grand commandement. Et voici le second, qui lui est semblable: Tu aimeras ton prochain comme toi-même. De ces deux commandements dépendent toute la loi et les prophètes."

V. LE PÉCHÉ EST-IL NÉCESSAIRE ?

Nous ne pouvons – vu l'espace dont nous disposons ici – qu'examiner brièvement les passages cités pour défendre la doctrine de la « sainteté pécheresse ». La plupart de ces passages sont suffisamment compris lorsqu'ils sont pris dans leur contexte tout entier.

La phrase de la prière dominicale: « Pardonne nous nos offenses », est souvent citée pour montrer qu'il existe le péché quotidien dans la vie du croyant. Il nous suffit, peut-être, de faire remarquer, comme l'a fait Charles Ewing Brown[8] que la prière du Seigneur est sociale, et qu'elle embrasse ceux qui peuvent avoir péché. Cependant, le fait que notre Seigneur rattache immédiatement à cette phrase la condition que nous pardonnions à ceux qui nous ont offensés, nous mène à penser que notre pardon continuel des péchés passés est conditionné par notre esprit de pardon envers ceux qui ont péché contre nous. La parabole des deux débiteurs dans Matthieu 18.23-35 fournit une telle certitude.

La dernière partie du septième chapitre de l'épître aux Romains est fréquemment citée pour montrer la certitude du péché dans la vie chrétienne. Comme nous l'avons vu au chapitre un,

Concepts contradictoires de la sainteté

cela ne peut être maintenu qu'en ignorant le contexte avec son témoignage incontestable de la délivrance du principe de péché et de mort.

Romains 14.23 : « Tout ce qui n'est pas le produit d'une conviction est péché », est parfois cité pour prouver que toute question ou doute passager occupant notre pensée est coupable. Même la lecture la plus désinvolte du contexte fera voir que Paul discute, en fait, du caractère éthique du péché et indique qu'agir contrairement à ses propres convictions est ce qui rend une action ou pratique coupable.

Jacques 4.17 : « Celui donc qui sait faire ce qui est bien, et qui ne le fait pas, commet un péché », est supposé indiquer que tout manquement à la norme la plus élevée que l'on connaisse, quelle qu'en soit la raison, est de la nature du péché. Il y a ici un avertissement salutaire contre les péchés d'omission. Refuser de faire ce que Dieu exige, est autant un péché que de faire ce qu'il défend. Cependant, le « donc » dans le texte indique son rapport avec un contexte. Et ce contexte nous avertit que nous devons reconnaître la volonté de Dieu dans tous nos plans. Refuser de le faire, c'est pécher.

1 Jean 1.10 est souvent cité sous ce rapport comme si le texte disait : « Si nous disons que nous ne péchons pas continuellement, nous le faisons menteur, et sa parole n'est point en nous. » En réalité, le texte se lit ainsi : « Si nous disons que nous n'avons pas péché, nous le faisons menteur. » Aucun chrétien ne nie le fait qu'il a péché à un moment donné. Toutefois, il affirme avoir été sauvé de cet état de péché. Nous avons tous des péchés à nous faire pardonner et un état d'iniquité dont il nous faut être purifié. Mais il n'y a ici aucune évidence que celui qui a été pardonné et purifié doive continuer à vivre dans le péché.

L'apôtre Jean lui-même est l'adversaire le plus catégorique de cette notion, dans le Nouveau Testament. Il est presque inconcevable qu'il soit si souvent cité pour défendre la licence d'un croyant à vivre dans le péché. Il déclare, en plus des passages décisifs déjà cités dans sa première lettre : « Si nous disons que nous sommes en communion avec lui, et que nous marchions dans les ténèbres, nous mentons, et nous ne pratiquons pas la vérité » (1 Jean 1.6). « Celui qui dit : Je l'ai connu, et qui ne garde pas ses commandements, est un menteur, et la vérité n'est point en lui » (1 Jean 2.4). « Celui qui dit qu'il est dans la lumière et qui hait son frère, est encore dans les ténèbres » (1 Jean 2.9). « Quiconque hait son frère est un meurtrier ; et vous savez qu'aucun meurtrier n'a la vie éternelle demeurant en lui » (1 Jean 3.15). « Nous savons que quiconque est né de Dieu ne pèche point ; mais celui qui est né de Dieu se garde lui-même, et le malin ne le touche pas » (1 Jean 5.18).

Chafer affirme que les « éradicationnistes » – comme il les appelle – déclarent, qu'étant donné que leur nature pécheresse est détruite, ils ne sont plus capables de pécher[9]. Il s'agirait de la « perfection impeccable » que Wesley désapprouve fortement, comme l'ont fait, depuis, tous ceux qui professent la doctrine de la sainteté. Ce que nous affirmons ce n'est pas : « Nous sommes incapables de pécher », mais plutôt : « Par la grâce régénératrice et sanctifiante de Dieu, nous sommes capables de ne pas pécher. » Cette position est scripturaire, et c'est la croyance et l'expérience de tout enfant de Dieu victorieux et sanctifié. « Grâces soient rendues à Dieu, qui nous donne la victoire par notre Seigneur Jésus-Christ ! » (1 Corinthiens 15.57).

VI. LA NATURE DE LA PERFECTION CHRÉTIENNE

La portée de ce sujet sur la doctrine de la perfection chrétienne devrait être claire à présent pour le lecteur. Il n'existe pas une telle perfection qui exclurait la possibilité des erreurs de jugement, des erreurs de compréhension, et même des défauts, des faillites et incidents de défaites liés à l'effort humain. Aucun professeur de sainteté, de bonne réputation, n'a jamais prétendu qu'une telle perfection existait. Indiquer de telles imperfections ne réfute pas la doctrine wesleyenne de l'entière sanctification. Nul n'est plus conscient de ces imperfections-là que ceux dont les cœurs sont vraiment conformes à la pensée qui était en Christ Jésus.

Il n'y a pas d'orgueil dans la perfection évangélique. Il ne fait pas de doute que certains groupes de sainteté ont donné l'impression d'être supérieurs et complaisants. Mais, ils ont manqué d'accomplir les implications réelles de leur profession dans la mesure même où ils se sont laissé posséder par une telle attitude.

D'autre part, il est tout à fait faux de déclarer que le péché est nécessaire dans la vie chrétienne afin de maintenir le croyant dans l'humilité. Comme l'indique Jean de la Fléchière sous ce même rapport, si le péché rend humble les gens, Satan devrait alors posséder la plus grande humilité. Il est, au contraire, le prototype de tout orgueil.

La perfection dont nous parlons, et que nous essayons d'expliquer à ce monde perdu, est – comme cela a été souvent répété – la perfection de l'amour. «Voici comment l'amour est parfait en nous, afin que nous ayons de l'assurance au jour du jugement: tel il est lui, tels nous sommes aussi dans ce monde» (1 Jean 4.17, version Segond révisée, 1978). Une telle perfection ne peut pas sauver des fautes involontaires et des erreurs inévitables. Elle conduit, autant que possible, à une rectification immédiate et humble de ces défauts, erreurs et fautes, lorsque celles-ci sont reconnues pour ce qu'elles sont. Elle exclut ainsi le péché pour toujours, dans le sens du Nouveau Testament: «Car l'amour de Dieu consiste à garder ses commandements. Et ses commandements ne sont pas pénibles» (1 Jean 5.3).

CHAPITRE QUATRE

SANCTIFICATION ET SIGNES

La quatrième question que nous allons considérer dérive d'un enseignement très répandu sur les dons de l'Esprit et leur rapport avec la vie chrétienne, ces dons étant considérés comme des signes possibles du baptême de l'Esprit. Le Nouveau Testament contient un enseignement très important relatif aux dons de l'Esprit. Beaucoup d'exemples bibliques décrivent l'exercice de ces dons. Ces exemples forment la toile de fond scripturaire pour l'enseignement actuel selon lequel un ou plusieurs de ces dons peuvent être un signe extérieur du baptême du Saint-Esprit.

Dans notre présente discussion, nous nous référerons beaucoup à un ouvrage écrit par Ralph Riggs. Le livre se recommande à bien des égards. Il est clair, modéré et bien documenté. Riggs nous fait connaître le but de son livre, en écrivant dans la préface :

> *Les pasteurs du mouvement pentecôtiste ont été si occupés à prêcher les vérités qui leur ont été révélées au cours de ces derniers jours, que très peu d'auteurs ont pris la peine d'écrire sous forme systématique ces « choses qui sont reçues parmi nous avec une pleine certitude ». Il y a maintenant des milliers d'étudiants dans nos instituts et collèges bibliques à qui l'on doit enseigner, parmi les doctrines du christianisme, les doctrines distinctives de notre Église. Nos pasteurs également ont besoin de matériel additionnel relatif à notre témoignage distinct* [2].

Il semblerait alors que quelqu'un pourrait accepter le livre de Riggs comme présentant d'une manière assez définitive la position pentecôtiste prise par l'un des groupes les plus nombreux parmi les chrétiens évangéliques qui acceptent et enseignent la théorie des signes, à propos du baptême de l'Esprit. La position et le but de son auteur semblerait justifier cette confiance.

I. LE BAPTÊME DE L'ESPRIT ET L'ENTIÈRE SANCTIFICATION

Il convient de considérer tout d'abord la relation perçue dans le Nouveau Testament entre le baptême de l'Esprit et la doctrine wesleyenne de l'entière sanctification. Ces deux éléments ont bien souvent été séparés. On a remarqué que John Wesley a mis peu d'accent sur l'identité possible de ces deux opérations de l'Esprit divin[3]. De nos jours, beaucoup de ceux qui insistent sur l'importance du baptême du Saint-Esprit (ou «dans» l'Esprit, comme beaucoup d'entre eux préfèrent l'appeler) ont peu ou rien à dire sur l'effet de ce baptême en rapport avec le problème de la délivrance du péché.

Nous sommes convaincus que le nouveau Testament fournit une ample justification, nous permettant de supposer que le baptême de l'Esprit et l'entière sanctification sont deux aspects d'une seule et même œuvre de la grâce divine dans le cœur des chrétiens. Il y a ici cinq points importants à considérer.

1. *Les deux sont l'héritage des croyants seulement*

Le baptême de l'Esprit et l'entière sanctification constituent l'héritage de la même classe de personnes, à savoir celles qui ont préalablement été converties. Riggs consacre à ce point deux chapitres[4], et affirme avec raison «que quoique tous les croyants ont le Saint-Esprit, il demeure néanmoins que tous les croyants, en plus d'avoir le Saint-Esprit, peuvent être remplis ou baptisés du Saint-Esprit[5] ». Il cite avec approbation les paroles de R. A. Torrey, le premier directeur de l'Institut Biblique Moody :

> *Il est évident que le baptême du Saint-Esprit est une opération du Saint-Esprit distincte de et additionnelle à son œuvre régénératrice ... Un homme peut être régénéré par le Saint-Esprit et ne pas être encore baptisé du Saint-Esprit. Dans la régénération, il y a la transmission de la vie par la puissance de l'Esprit, et celui qui la reçoit est sauvé ; dans le baptême de l'Esprit, il y a la transmission de la puissance, et celui qui la reçoit est équipé pour le service[6].*

Négativement parlant, il n'y a point dans le Nouveau Testament d'exemple ou de promesse d'incroyant baptisé ou rempli du Saint-Esprit. Positivement parlant, chaque exemple ou promesse de personne remplie ou baptisée du Saint-Esprit, est accompagné de l'évidence qu'une telle personne a été précédemment régénérée.

De la même façon, le Nouveau Testament est clair sur le point que seuls ceux qui sont nés de nouveau peuvent faire l'expérience de la plénitude sanctifiante du Saint-Esprit. Dans sa prière sacerdotale, rapportée en Jean 17, une prière consacrée à la grande promesse que Dieu sanctifierait les disciples par sa vérité (v. 17), Jésus déclare explicitement : « Je ne prie pas pour le monde, mais pour ceux que tu m'as donnés, parce qu'ils sont à toi » (v. 9) ; et encore : « Ce n'est pas pour eux seulement que je prie, mais encore pour ceux qui croiront en moi par leur parole » (v. 20). L'apôtre Paul s'adressant aux Thessaloniciens, dont la position dans la grâce est clairement établie, dit :

> *Que le Dieu de paix vous sanctifie lui-même tout entiers ; et que tout votre être, l'esprit, l'âme et le corps, soit conservé irrépréhensible, lors de l'avènement de notre Seigneur Jésus-Christ (1 Thessaloniciens 5.23).*

Concepts contradictoires de la sainteté

L'évidence fondamentale à savoir que seuls les croyants sincères peuvent être entièrement sanctifiés, se trouve dans le fait que toutes les épîtres du Nouveau Testament étaient adressées à ceux qui étaient identifiés avec l'Église et considérés comme des personnes régénérées. La vingtaine d'exhortations et d'appels à la sanctification, à la sainteté et à la pureté du cœur et de la vie, dont il est question dans le Nouveau Testament, fait clairement partie du privilège et de la responsabilité de celui qui est né de nouveau.

2. *Les deux sont accomplis par l'Esprit*

Le baptême de l'Esprit et l'entière sanctification sont tous les deux accomplis par le même agent, à savoir, l'Esprit de Dieu. Dans le cas du baptême, cela est démontré par le nom même. Être né de l'Esprit est une chose; être baptisé de l'Esprit est une grâce subséquente. Mais dans chacun des cas, l'Agent efficient est la troisième Personne de la Trinité, le Saint-Esprit de Dieu.

Le même Esprit qui régénère est celui qui sanctifie. Considérons par exemple 1 Pierre 1.2 :

> *Élus selon la prescience de Dieu le Père, par la sanctification de l'Esprit, afin qu'ils deviennent obéissants, et qu'ils participent à l'aspersion du sang de Jésus-Christ.*

Ou encore 2 Thessaloniciens 2.13 :

> *Pour nous, frères bien-aimés du Seigneur, nous devons à votre sujet rendre continuellement grâces à Dieu, parce que Dieu vous a choisis dès le commencement pour le salut, par la sanctification de l'Esprit et par la foi en la vérité.*

3. *Les deux sont donnés dans les mêmes conditions*

Des conditions identiques sont établies dans la Parole pour recevoir le baptême de l'Esprit et l'entière sanctification. Dans un chapitre sur « Le baptême du Saint-Esprit, comment le recevoir[7] », Riggs établit quatre conditions majeures pour recevoir la plénitude de l'Esprit.

Premièrement, il doit y avoir une conscience du salut : « Nous devons tout d'abord prier jusqu'à ce que nous ayons la certitude du salut dans laquelle l'Esprit rend témoignage à notre esprit que nous sommes enfants de Dieu[8]. »

Deuxièmement, il doit y avoir obéissance, impliquant « un total abandon à Dieu ». « Nous sommes témoins de ces choses, de même que le Saint-Esprit, que Dieu a donné à ceux qui lui obéissent » (Actes 5.32).

Troisièmement, nous devons demander avec instances, dans la prière : « À combien plus forte raison le Père céleste donnera-t-il le Saint-Esprit à ceux qui le lui demandent » (Luc 11.13).

Finalement, nous devons croire, C'est un don, fait remarquer notre auteur :

> *Le Saint-Esprit est un don gratuit, glorieux, envoyé par Dieu, et c'est par la foi, et par la foi seulement, que nous le recevons. Il y a un 'repos de la foi' dans lequel nous devons entrer. 'Car celui qui entre dans le repos de Dieu se repose de ses œuvres, comme Dieu s'est reposé des siennes' (Hébreux 4.10)[9].*

Ce sont là les conditions mêmes établies pour l'expérience de la sainteté chrétienne.

Tout d'abord, il doit y avoir une conscience que celui qui recherche cette expérience est né de Dieu. Éphésiens 4.20-24 démontre clairement que la vraie sainteté est le privilège de ceux-là seuls qui ont appris à connaître Christ, et qui ont reçu son enseignement.

Deuxièmement, il doit y avoir une consécration, un parfait abandon à la volonté de Dieu.

> *Ne livrez pas vos membres au péché, comme des instruments d'iniquité ; mais donnez-vous vous-mêmes à Dieu, comme*

> *étant vivants de morts que vous étiez, et offrez à Dieu vos membres, comme des instruments de justice ... ainsi maintenant livrez vos membres comme esclaves à la justice, pour arriver à la sainteté (Romains 6.13, 19).*

Troisièmement, il doit y avoir une ardente prière afin d'entrer dans la grâce de la sainteté du cœur. Dans le chapitre où il met l'accent sur la «grâce plus excellente» (Jacques 4.6), et déclare : «Nettoyez vos mains pécheurs ; purifiez vos cœurs, hommes irrésolus (v. 8), Jacques explique les imperfections spirituelles par les paroles : «Vous ne possédez pas, parce que vous ne demandez pas» (v. 2).

Finalement, la foi doit saisir la promesse de Dieu avant que le croyant ne soit entièrement sanctifié. Jésus délégua Paul pour prêcher aux Gentils, «pour qu'ils reçoivent la rémission des péchés et une part avec ceux qui sont sanctifiés, par la foi en moi» (Actes 26.18, version Darby). Ici, comme toujours : «Sans la foi il est impossible de lui être agréable ; car il faut que celui qui s'approche de Dieu croie que Dieu existe, et qu'il est le rémunérateur de ceux qui le cherchent» (Hébreux 11.6).

4. *Les deux accomplissent les mêmes résultats*

Le baptême de l'Esprit et la sainteté scripturaire sont sensés produire les même résultats. Riggs ne traite pas explicitement du rapport entre le baptême de l'Esprit et le péché en tant que nature dans le cœur. Il indique, cependant, que le Saint-Esprit réprimande le péché dans la vie, et il déclare : «Par lui aussi le croyant est rendu capable de mener une vie victorieuse sur le péché. La sainteté est, par conséquent, la caractéristique la plus remarquable de ce membre de la Trinité[10].» Dans sa description de la signification du titre «Esprit de sainteté», notre auteur commente :

> *L'Esprit de sainteté, comme l'esprit de jugement, dévoile et condamne tout ce qui est mal, et comme l'esprit de feu, il purifie tout. Ce n'est pas une œuvre trop agréable pour le croyant, mais elle est très vitale au programme de Dieu. L'épouse de l'Agneau doit être une Église glorieuse, sans tache, ni ride, ni rien de semblable. Elle doit être sainte et sans flétrissure. Ainsi, le Saint-Esprit est à l'œuvre, la sanctifiant et la nettoyant avec le lavage de l'eau par la Parole. Être rempli du Saint-Esprit signifie permettre au Saint-Esprit de fouiller, condamner, et détruire toutes les impuretés de la nature et de l'esprit* [11].

Il ne fait pas de doute que le baptême de l'Esprit, en ce qui concerne les Actes des apôtres, a eu pour résultat la purification du cœur de ceux qui ont été baptisés. En Actes 15.8-9, Pierre déclare que la venue de l'Esprit eut pour résultat « la purification de leurs cœurs par la foi ».

De même, l'entière sanctification résulte dans la purification ou le nettoyage du cœur. Il est dit en Éphésiens 5.25-27 que « Christ a aimé l'Église, et s'est livré lui-même pour elle, afin de la sanctifier ... après l'avoir purifiée ... afin de faire paraître devant lui cette Église glorieuse ... sainte et irrépréhensible ». Il est à noter que le mot dans le texte grec original traduit par « purifier » en Actes 15.9 est le même mot traduit parfois par « nettoyer » en Éphésiens 5.26 (Darby, Ostervald). Nous avons donc, dans ces deux versets, une équation du baptême du Saint-Esprit, de la sanctification de l'Église et de la sanctification ou purification du cœur.

5. *Les deux ont des étymologies similaires*

Le baptême et la sanctification ont, parmi d'autres étymologies, le sens identique de laver ou nettoyer de l'impureté. Baptiser, c'est plonger, laver, nettoyer. Sanctifier, c'est rendre saint par le nettoyage ou la purification de toute souillure.

En résumé, le baptême de l'Esprit et l'entière sanctification sont, au maximum, deux aspects d'une œuvre de la grâce divine qui est une et la même. Le cœur sanctifié est baptisé du Saint-Esprit. Le croyant qui est baptisé du Saint-Esprit est entièrement sanctifié. Le baptême du Saint-Esprit est le moyen par lequel Dieu accomplit l'entière sanctification du cœur du chrétien. Cela est démontré par le fait que les deux sont accomplis sur la même catégorie d'individus, par le même agent, dans les mêmes conditions, avec les mêmes résultats; et les mots eux-mêmes partagent certaines étymologies qui sont similaires.

Ces considérations ont deux portées très pratiques sur la vie chrétienne. Premièrement, elles réfutent la notion que le baptême de l'Esprit est une « troisième bénédiction », faisant suite à celle de l'entière sanctification. Il n'existe pas de sainteté complète sans la plénitude du Saint-Esprit. Deuxièmement, elles démontrent que le baptême du Saint-Esprit n'a pas seulement pour effet d'accorder la puissance à la vie chrétienne, mais aussi de purifier la nature morale du croyant de toute dépravation. La puissance du Saint-Esprit est la puissance d'un témoignage précis soutenu par une vie chrétienne stable (Actes 1.8). Il y a de la puissance dans la sainteté, et la sainteté c'est la puissance (Actes 3.12).

II. L'ÉVIDENCE DU BAPTÊME

Nous allons considérer maintenant un aspect de la doctrine pentecôtiste qui présente le défi le plus décisif à la doctrine de l'entière sanctification, telle qu'elle est comprise dans la tradition wesleyenne. Cette doctrine prétend que le baptême de l'Esprit est rendu évident toujours et nécessairement par une preuve ou un signe physique initial.

Riggs admet qu'une «vie d'intimité avec Dieu et une vie de puissance dans l'Esprit sont les meilleures preuves que l'on est rempli de l'Esprit[12]». Cependant, il s'empresse d'ajouter:

> *Le point que nous considérons maintenant concerne l'expérience initiale de la réception du baptême et ce signe physique extérieur qui est l'évidence de cette expérience. Le domaine de la vie remplie de l'Esprit est si important pour le chrétien que Dieu a fait en sorte qu'on puisse savoir avec certitude si l'on a passé ou non par cette expérience. Il ne s'agit pas ici de vague espoir ou de la crainte d'être trompé sur ce chapitre, car Dieu a donné une preuve physique et intelligible que l'on a reçu le baptême du Saint-Esprit*[13].

Nous acceptons volontiers l'argument selon lequel le croyant peut savoir avec certitude quand il a reçu la plénitude de l'Esprit, et qu'il n'y a pas de vague espoir ou aucune raison d'être trompé à ce sujet. Le point en débat concerne le caractère de ce témoin, et ii s'agit de savoir s'il est toujours ou jamais «une preuve physique et intelligible».

Riggs considère la prophétie comme étant la preuve physique et intelligible de la réception du Saint-Esprit dans l'Ancien Testament[14]. Il déclare cependant, qu'à la Pentecôte, la preuve physique et intelligible est devenue «une puissance divine qui pouvait leur permettre de parler en d'autres langues, diverses et variées». Il dit:

> *Le jour de la Pentecôte il y avait à peu près quinze nationalités présentes. Parmi les 120 disciples qui furent remplis du Saint-Esprit et qui parlèrent en d'autres langues, toutes les quinze langues ont été utilisées et comprises par les étrangers présents*[15].

Il y a un certain mystère qui entre dans la transition faite par l'auteur entre ces quinze langues parlées le jour de la Pentecôte et le genre de glossalalie[16] en vogue dans les cercles pentecôtistes actuels. Après avoir décrit le parler en langues mentionné dans le livre des Actes, l'auteur conclut: « Par conséquent, tous ceux qui reçoivent, de nos jours, le baptême dans l'Esprit parlent aussi en langues[17]. »

Il y a apparemment sur ce sujet un problème que Riggs ne discute pas. Dans le chapitre qui fait suite à celui que nous venons de citer et dans lequel il affirme que le don des langues est une preuve extérieure et intelligible du baptême, et que tous ceux qui reçoivent le baptême parlent en langues, notre auteur présente comme exemples de ceux qui ont reçu le baptême dans la période moderne de l'Église chrétienne: Wesley, Gordon, Finney et Moody. Pourtant, il n'y a pas la moindre évidence qu'aucun de ces hommes ait jamais parlé dans une langue inconnue, ni au moment de leur baptême ni après.

Jusqu'au début du mouvement pentecôtiste moderne, qui prend date probablement avec les ministères de Charles Parham en 1901, et celui de W. J. Seymour entre 1906 et 1908, les seuls cas de langues inconnues eurent lieu parmi des sectes qui n'étaient pas orthodoxes ou dont la moralité était douteuse.

Les montanistes, par exemple, était une secte du deuxième siècle de notre ère qui pratiquait le parler en langues inconnues et dont l'origine, selon eux, remontait à l'époque de l'église de Corinthe, dans le Nouveau Testament. Cependant, les montanistes furent stigmatisés par l'Église comme hérétiques, parce qu'ils prétendaient avoir reçu une dispensation de l'Esprit supérieure à celle de Christ et des apôtres.

Les jansénistes de Port-Royal, et plus particulièrement leurs successeurs connus sous le nom de « convulsionnâmes », parlèrent aussi en langues. Ceux-ci étaient des catholiques français durant les premiers jours de la Réforme protestante, et leur secte a été finalement abolie par les autorités à cause des immoralités qui se pratiquaient parmi eux.

Sanctification et signes

Les premiers spiritualistes, eux aussi, parlaient en langues inconnues. L'un d'entre eux, une certaine Mary Smith de Genève, professait de parler la langue de la planète Mars. Lorsqu'une partie de ce baragouinage fut transcrit, les érudits trouvèrent qu'il n'était qu'une combinaison de sons tirés du français et de l'allemand, associés à quelques mots orientaux.

Mary Campbell, en Ecosse, et les disciples d'Edward Irving, en Angleterre, au dix-neuvième siècle, pratiquèrent la glossolalie.

En Amérique, les « trembleurs » parlèrent en langues. Cette secte fut fondée par Anne Lee, que ses disciples surnommèrent Mère Anne. Elle se réclamait ridiculement de la divinité en insistant qu'on l'appelât Anne la Parole. Les premiers Mormons, y compris Brigham Young, parlaient en langues inconnues et leurs chorales chantaient en langues inconnues.

Ces faits sont mentionnés, non pour prouver quoi que ce soit à propos de la présente vogue des langues inconnues, parmi les chrétiens orthodoxes et évangéliques, mais pour indiquer le problème logique auquel les pentecôtistes doivent faire face. Il est incroyable que les adeptes du parler en langues, appartenant aux sectes hérétiques décrites plus haut, devraient être choisis comme exemples de ceux qui sont baptisés du Saint-Esprit. Pourtant, ils parlèrent en langues, alors que des hommes comme Wesley, Whitefield, Edwards, Finney et Moody ne le firent pas. Si les seuls exemples de parler en langues, avant l'apparition du mouvement pentecôtiste moderne, ne sont tirés que parmi les hérétiques dont le « don » doit être rejeté comme étant faux, et si le parler en langues est le signe unique et infaillible du baptême du Saint-Esprit, il semblerait alors, du même coup, que personne n'a reçu le baptême depuis les temps apostoliques, à travers dix-neuf siècles, jusqu'au pentecôtisme moderne. Cela serait très difficile à croire.

III. LES DONS DE L'ESPRIT COMME SIGNES

Ces considérations, toutes importantes qu'elles soient, ne sont pas cruciales. La vraie épreuve à laquelle les chrétiens évangéliques doivent soumettre tout enseignement doit toujours être sa conformité à la Parole de Dieu. Nous nous tournons à nouveau vers l'Écriture pour faire la lumière sur cette importante question.

Tout d'abord, il nous est important de prêter attention à l'argument à savoir que les dons de l'Esprit sont divinement conçus comme des signes. Riggs soutient qu'ils le sont. Citant les paroles de Jésus : « Croyez du moins à cause de ces œuvres » (Jean 14.11) ; « Voici les signes qui accompagneront ceux qui auront cru » (Marc 16.17, version Segond, 1978) ; et Hébreux 2.4 : « Dieu appuyant leur témoignage, par des signes, des prodiges, et divers miracles, et par les dons du Saint-Esprit distribués selon sa volonté », il déclare : « Le fait même que les dons de l'Esprit sont présentés comme des signes est une preuve qu'ils sont nécessaires aujourd'hui, et que par conséquent ils nous sont disponibles aujourd'hui[18]. »

Par ailleurs, au sujet des multitudes réunies à Jérusalem le jour de la Pentecôte, Riggs observe : « Ils ont entendu les disciples parler en d'autres langues selon que l'Esprit, dont ils étaient remplis, leur donnait de s'exprimer. À cette occasion, les langues constituaient un signe très convaincant pour les incroyants. Il y a eu beaucoup d'autres occasions depuis que cela s'est passé, car les langues sont données comme 'un signe'[19]. »

Il est vrai qu'il y a eu des signes et des prodiges opérés au nom de Jésus dans l'Église du Nouveau Testament (Actes 4.30). Cela ne confirme pas pour autant l'argument à savoir que la manifestation d'un seul de ces dons doit être considérée comme la preuve du baptême du Saint-Esprit. En réalité, Paul semble avoir voulu exprimer de manière explicite que les langues n'ont pas la valeur de signes dans l'Église, lorsqu'il a cité le prophète Esaïe : « C'est par des hommes d'une autre langue et par des lèvres d'étrangers que je parlerai à ce peuple, et ils ne m'écouteront pas même ainsi, dit le Seigneur. Par conséquent les langues sont un signe, non pour les croyants, mais pour les non-croyants ; la prophétie, au contraire, est un signe, non pour les non-croyants, mais pour les croyants » (1 Corinthiens 14.21-22). Et Jésus lui-même à dit à ceux qui voudraient avoir un signe :

> *Une génération méchante et adultère recherche un signe, il ne lui sera donné d'autre signe que celui du prophète Jonas. Car, de même que Jonas fut trois jours et trois nuits dans le ventre du grand poisson, de même le Fils de l'homme sera trois jours et trois nuits dans le sein de la terre (Matthieu 12.39-40, version Segond, 1978).*

Deuxièmement, il y a le problème de la nature des langues que l'on pourrait considérer, d'une manière concevable, comme un signe ou une évidence du baptême de l'Esprit. Il y a naturellement, deux grandes portions du Nouveau Testament utilisées par les protagonistes de la doctrine du parler en langues. L'une est les Actes des apôtres, particulièrement le deuxième chapitre ; et l'autre, est 1 Corinthiens 12 et 14. La question très importante qui se pose alors est la suivante : Ces phénomènes sont-ils identiques ? Est-ce que le phénomène du parler en langues mentionné dans 1 Corinthiens 12 et 14 est le même que celui d'Actes 2.4 ? Deux réponses différentes peuvent être données, naturellement, à cette question. Malheureusement, l'une ou l'autre soulève des difficultés plutôt sérieuses pour le point de vue selon lequel les langues inconnues constituent une évidence du baptême du Saint-Esprit.

1. *S'ils sont les mêmes*

Concepts contradictoires de la sainteté

On peut affirmer que les deux phénomènes sont identiques. Dans ce cas, les langues mentionnées dans le Nouveau Testament ne sont pas du tout des langues inconnues, mais des langues que l'orateur n'a pas apprises, et qui toutefois sont reconnues et comprises par ceux qui les ont apprises. Riggs déclare[20] que pas moins de quinze langues ont été identifiées le jour de la Pentecôte. Cela est, à mon avis, le meilleur point de vue que l'on puisse tirer du récit contenu dans le deuxième chapitre du livre des Actes.

L'étonnement des foules réunis à Jérusalem, au cours de cette première Pentecôte chrétienne, n'était pas dû au fait qu'ils écoutaient des gens parlant dans des langues qu'ils ne pouvaient comprendre. Leur émerveillement était dû plutôt au fait qu'ils entendaient des hommes qu'ils reconnaissaient comme des Galiléens, des gens notoirement provinciaux et peu éduqués qui parlaient avec une diction parfaite les langues de leurs divers pays d'origine.

Au fait, le don mis en évidence le jour de la Pentecôte, loin de concerner des langues inconnues, a été accordé dans le but précis d'éviter le fait de parler une langue inintelligible. Si les apôtres s'étaient exprimés dans leur dialecte galiléen, leur discours aurait été une langue inconnue pour les multitudes venues de pays étrangers. Alors, au lieu de concerner des langues inconnues, le don a été plutôt accordé pour prévenir l'emploi des langues inconnues.

Si la réponse à notre question relative au rapport entre les langues dans Actes 2.4 et les langues dans 1 Corinthiens 12 et 14 est que ces deux phénomènes sont identiques, alors deux conclusions s'imposent : (1) parler en langues, selon Actes 2.4, c'est parler une langue étrangère qui peut être identifiée par ceux qui comprennent naturellement cette langue ; et (2) il est déclaré expressément que ce don particulier a été seulement accordé à un

Sanctification et signes

groupe de croyants choisis parmi ceux qui possèdent d'autres dons dans la ligne des dons spirituels esquissés dans la première épître aux Corinthiens. Car Paul déclare certainement que même si, dans le corps de Christ, tous sont baptisés dans un seul Esprit (1 Corinthiens 12.13), tous ne sont pas prophètes, apôtres, professeurs, faiseurs de miracles, dotés de dons de guérison, tous ne parlent pas en langues ni n'interprètent non plus (1 Corinthiens 12.28-30). À la lumière de ce passage, il est absolument faux d'affirmer que «tous ceux qui reçoivent le baptême de l'Esprit, aujourd'hui, parlent aussi en langues21».

2. *S'ils sont différents*

Cependant, nous pouvons répondre à notre question initiale par la négative. On peut affirmer que les langues mentionnées dans Actes 2.4 et celles de la première épître aux Corinthiens n'étaient pas les mêmes – que les premières étaient intelligibles, alors que les secondes étaient une pure manifestation de «langues inconnues», un langage ou expression angélique qui ne peut être compris que par ceux qui sont surnaturellement dotés d'un don collatéral d'interprétation.

Nous ne sommes pas préoccupés, pour le moment, par la nature du don mentionné dans la première épître aux Corinthiens. Ce ne sont pas tous les érudits de la Bible qui veulent admettre qu'il s'agissait d'une langue angélique. Ils affirment que la phrase: «car personne ne le comprend» (1 Corinthiens 14.2) peut être prise, en fonction du contexte, dans le sens de: «aucune personne présente ne le comprend». Ils déclarent que l'expression «homme du peuple» (ou «simple auditeur» – version Segond révisée, 1978), répétée trois fois (vs. 16, 23, 24), désignant ceux qui entendent mais ne comprennent pas, implique que celui qui est «instruit» – très éduqué, comme l'était l'apôtre Paul lui-même, par exemple, – reconnaîtrait la langue

Concepts contradictoires de la sainteté

parlée. On doit admettre qu'une telle interprétation est très intéressante.

Quoi qu'il en soit, si les langues dont il est question à Jérusalem, le jour de la Pentecôte, et à Corinthe n'étaient pas les mêmes, la théorie selon laquelle les langues inconnues sont une évidence du baptême de l'Esprit confronte un problème tout aussi sérieux. Bien que les langues mentionnées dans la première épître aux Corinthiens fussent inconnues, il n'y a jusqu'à présent aucune indication qu'elles avaient un rapport quelconque avec le baptême de l'Esprit. Il s'agit plutôt du contraire. Le principe se rapportant aux dons, au lieu d'être une évidence que possèdent tous les croyants baptisés de l'Esprit, s'applique plutôt directement aux langues – c'est-à-dire, que tous n'ont pas les mêmes dons (voyez 1 Corinthiens 12.28-30).

Deux lois concernant les dons de l'Esprit sont mises en évidence dans 1 Corinthiens 12. Selon la première, « à chacun la manifestation de l'Esprit est donnée pour l'utilité commune » (v. 7). Cela veut dire que les dons sont accordés pour l'utilité, et non comme une attestation du caractère. Selon la seconde loi des dons spirituels, les différents dons sont accordés à des gens différents dans l'Église, afin que le corps de Christ soit soudé ensemble dans une unité indivisible (vs. 11-30).

Les dons de l'Esprit ne sont en aucun sens une mesure de la présence de l'Esprit dans le cœur de chaque croyant. Les disciples de Jésus, avant la Pentecôte, exerçaient quelques-uns des dons les plus spectaculaires. Ils étaient envoyés avec autorité pour guérir les malades et chasser les démons (Luc 9.1-6 ; 10.1-20, bien qu'ils n'eussent pas encore fait, à cette époque-là, l'expérience du baptême de l'Esprit. Les Corinthiens, dont l'exercice des dons spirituels provoqua l'étude la plus approfondie que Paul ait jamais faite dans aucune de ses autres épîtres, étaient décrits comme étant « charnels » et des « enfants en Christ »

Sanctification et signes

(1 Corinthiens 3.1-3). Ils étaient déchirés par le sectarisme (3.4-7), et étaient la proie de toutes sortes d'irrégularités de conduite dans leur vie et leur manière d'adorer – ce qui est l'antithèse même du comportement des croyants remplis de l'Esprit.

Il est incontestable que les dons de l'Esprit sont tout à fait indépendants des grâces de l'Esprit. Il n'y a aucune justification scripturaire permettant d'affirmer que l'un quelconque de ces dons, pris individuellement ou tous ces dons considérés collectivement, sont divinement conçus pour servir comme une évidence du baptême du Saint-Esprit.

En fait, le choix du don des langues – assumant une différence entre les langues à Jérusalem et celles à Corinthe – est un choix extrêmement malheureux. Car dans chaque liste de dons, les langues et leur interprétation viennent en dernier (1 Corinthiens 12.4-11 et 28-30), alors que dans la liste des dons spirituels en Romains 12.6-8, elles sont complètement omises. Il ne fait pas de doute que Paul a considéré ce don comme étant nettement inférieur au don de prophétie, par exemple (1 Corinthiens 14.1-12). Ses exhortations, en ce qui concerne les dons, sont d'aspirer aux dons les meilleurs (12.31), et de rechercher à exceller dans l'édification de l'Église (14.12). Et aucun don, affirme-t-il, n'a de valeur en dehors de l'amour divin (1 Corinthiens 13.1-3) qui est «une voie par excellence» (12.31).

Tout en admettant une différence entre les langues mentionnées en Actes 2.4 et celles en 1 Corinthiens 12 et 14, nous devrions être amenés à la conclusion que le seul parler en langues qui constituerait une évidence possible d'une expérience de la Pentecôte serait la capacité de parler une langue intelligible sans l'avoir apprise. Une telle prétention a rarement été soutenue. Les langues manifestes parmi ceux qui prétendent avoir l'évidence similaire à celle d'Actes 2.4 sont en réalité bien éloignées des langues mentionnées en Actes 2.4.

Mais même la capacité de parler des langues non apprises, aussi impressionnant que cela puisse paraître, ne constituerait pas nécessairement une évidence du baptême de l'Esprit. Il y a six occasions dans le livre des Actes où il est dit que des groupes ou des individus avaient été baptisés ou étaient remplis de l'Esprit[22]. Dans trois de ces occasions, le parler en langues était mentionné. Dans les trois autres occasions, aucun cas de parler en langues n'est mentionné.

Un examen de tous les six exemples donnés révèle que la différence majeure entre les trois occasions positives et les trois occasions négatives, c'est que dans les occasions positives il y avait une réunion d'hommes de diverses nationalités, tandis que dans les occasions négatives les hommes réunis n'étaient que d'une seule race ou nationalité. Cela pourrait accorder une forte évidence présomptive à la conclusion que le but de la manifestation n'était pas de servir comme évidence du baptême de l'Esprit, mais de rendre possible une communication plus effective dans le groupe, et de montrer que l'Évangile est pour les gens de chaque langue.

IV. FAILLITE DES LANGUES EN TANT QU'ÉVIDENCE

Toute évidence digne de foi doit être d'une nature telle qu'elle est présente quand la raison pour laquelle elle est invoquée est présente, et absente quand la raison pour laquelle elle est invoquée est absente. B.F. Neely, docteur en théologie, démontra plusieurs années de cela que tel n'était pas le cas dans le rapport entre les langues et le baptême du Saint-Esprit.

Les pentecôtistes admettent volontiers que le don peut être contrefait, que Satan peut communiquer les langues à l'instar de l'Esprit de Dieu. La présence du phénomène parmi les faux cultes, mentionnés auparavant, indiqua que cela est incontestablement vrai. Il est possible à ceux qui n'ont jamais reçu le baptême du Saint-Esprit de parler en langues.

Par ailleurs, les pentecôtistes admettent bien volontiers que les dons peuvent être retenus par celui qui a perdu sa communion avec le Saint-Esprit, à cause de ses péchés. Celui qui a le don des langues peut continuer à exercer ce don bien longtemps après que l'Esprit s'est écarté de lui. Il est donc possible à ceux qui ont perdu le baptême du Saint-Esprit de parler en langues.

Cela nous conduit alors à une curieuse situation. Lorsqu'une personne parle en langues, cela est une évidence de l'une des trois choses suivantes: premièrement, il a reçu le baptême du Saint-Esprit; deuxièmement, il a reçu, puis perdu le baptême de l'Esprit; ou troisièmement, il n'a jamais reçu le baptême. Mais ces trois déclarations peuvent s'appliquer évidemment à tout être humain vivant. On peut dire que porter un chapeau est une évidence tout aussi sûre du baptême du Saint-Esprit que le don des langues. Car tous ceux qui portent un chapeau ont reçu le baptême, l'ont eu et l'ont perdu, ou ne l'ont jamais reçu. La valeur manifeste d'un tel don est, par conséquent, précisément nulle.

V. LE TÉMOIGNAGE DE L'ESPRIT

Quoi alors? Sommes-nous réduits à un état d'incertitude en ce qui concerne cet état de grâce élevé? Assurément non! Il y a une évidence du baptême du Saint-Esprit – et de l'entière sanctification qui en est le résultat et l'élément concomitant – qui surpasse en certitude tout signe physique extérieur possible. C'est la double évidence du témoignage de l'Esprit et du fruit de l'Esprit.

De même que «celui qui croit au Fils de Dieu a ce témoignage en lui-même» (1 Jean 5.10), de même celui qui reçoit l'Esprit de Dieu dans sa plénitude a le témoignage de ce merveilleux don de la grâce de Dieu; car «c'est l'Esprit qui rend témoignage, parce que l'Esprit est la vérité» (1 Jean 5.6). De même

Concepts contradictoires de la sainteté

que l'Esprit rend témoignage au cœur du croyant qu'il est enfant de Dieu (Romains 8.14-17), de même « par une seule offrande, il a amené à la perfection pour toujours ceux qui sont sanctifiés. C'est ce que le Saint-Esprit nous atteste aussi » (Hébreux 10.14-15). Ce témoignage est certifié par la loi divine écrite dans le cœur et l'Esprit, donnant « au moyen du sang de Jésus, une libre entrée dans le sanctuaire » ; par conséquent, « approchons-nous avec un cœur sincère, dans la plénitude de la foi, les cœurs purifiés d'une mauvaise conscience, et le corps lavé d'une eau pure » (Hébreux 10.19, 22).

Ce témoignage n'est pas une émotion, une ivresse, une exaltation, bien que de telles sensations puissent en être le résultat. Il n'est pas une manifestation ou démonstration extérieure. C'est la conviction intérieure que ce que Dieu avait promis, il l'a accompli, que l'œuvre de purification a été achevé, et que le Saint-Esprit demeure dans toute la gloire de son pouvoir sanctificateur.

> *Quand sera venu le consolateur, dit Jésus, que je vous enverrai de la part du Père, l'Esprit de vérité, qui vient du Père, il rendra témoignage de moi. ... Il vous conduira dans toute la vérité ... Il me glorifiera, parce qu'il prendra de ce qui est à moi, et vous l'annoncera (Jean 15.26; 16.13-14).*

John Wesley a insisté, il y a longtemps déjà, que le témoignage de l'Esprit doit aller de pair avec le fruit de l'Esprit. Ces neuf merveilleuses grâces – l'amour, la joie, la paix, la patience, la bonté, la bénignité, la fidélité, la douceur, et la tempérance (Galates 5.22) – sont sujettes à une croissance et un développement presque illimités, mais toutes sont présentes comme des caractéristiques de la personnalité remplie de l'Esprit. Ni le témoignage sans le fruit, ni le fruit sans le témoignage ne peuvent être acceptés comme une évidence complète. Les deux pris ensemble procurent un degré de certitude bien au-delà de tout ce qui est offert par des signes extérieurs physiques ou psychologiques.

De même qu'on n'a pas besoin de se lever le matin avec une chandelle allumée pour voir si le soleil s'est levé, de même le cœur sanctifié n'a pas non plus besoin de dépendre de quelque manifestation faillible pour savoir que le «soleil de la justice» s'est levé dans son cœur avec la guérison de la nature cancéreuse du péché intérieur. L'Esprit lui-même rend témoignage de sa présence pleine et permanente dans le cœur du croyant.

CHAPITRE CINQ

SANCTIFICATION ET SÉCURITÉ

Le besoin de sécurité est l'un des plus pressants et des plus impératifs de l'être humain. On a trouvé que des sentiments d'insécurité sont la cause des mauvaises actions les plus sérieuses commises par les enfants et les jeunes gens. Rien n'est plus fatal au bonheur que l'incertitude et le manque d'un certain degré de sécurité pour l'avenir.

Ce principe est tout aussi valable pour la vie spirituelle. Être harcelé de doutes, de questions, de craintes, c'est être vaincu avant même d'engager la lutte. La confiance et les espoirs raisonnables sont des ingrédients essentiels pour une vie chrétienne heureuse. Si le salut ne peut pourvoir au besoin de sécurité, il ne peut alors satisfaire toute la gamme des besoins humains.

L'une des questions les plus aiguës, soulevées dans les cercles évangéliques modernes, tourne autour de ce besoin reconnu. Cette question fait suite à la position prise par un groupe nombreux et influent de pasteurs, d'évangélistes, de prédicateurs à la radio, d'églises et d'institutions. Ils affirment qu'un seul acte de foi salvatrice, lors de l'acceptation initiale de Christ, assure au croyant le salut final et éternel.

I. CALVINISME ET SÉCURITÉ

Dans certains cas, cette position est basée sur la doctrine calviniste de l'élection particulière. Selon cette doctrine, Dieu a choisi, de toute éternité, certains hommes et certains anges pour la vie éternelle, et Il a laissé tous les autres pour la damnation éternelle. Personne ne l'a déclaré plus succinctement que Jean Calvin lui-même :

> *Nous appelons prédestination, le conseil éternel de Dieu, par lequel il a déterminé ce qu'il voulait faire de chaque homme. Car il ne les crée pas tous en pareille condition, mais ordonne les uns à la vie éternelle, les autres à l'éternelle damnation ... Nous disons donc, comme l'Écriture le montre évidemment, que Dieu a une fois décrété par son conseil éternel et immuable, lesquels il voulait prendre à salut, et lesquels il voulait vouer à la perdition. Nous disons que ce conseil, quant aux élus, est fondé en sa miséricorde sans aucun regard de dignité humaine; au contraire, que l'entrée de la vie est forclose à tous ceux qu'il veut livrer à la damnation : et que cela se fait par son jugement occulte et incompréhensible, bien qu'il soit juste et équitable*[1].

Lewis Sperry Chafer cite avec approbation de Cunningham : 'S'il est vrai que Dieu a, de toute éternité, choisi absolument et inconditionnellement parmi les hommes certaines personnes pour la vie éternelle, ces personnes assurément seront tous sauvés infailliblement[2]. »

On doit admettre la vérité formelle de cette proposition. Si le salut vient par la prédestination inconditionnelle des élus à la vie éternelle, alors il devient incontestable que tous ceux qui sont ainsi prédestinés seront finalement sauvés. Mais il est évident que la conclusion à savoir que « ces hommes seront tous sauvés infailliblement » repose entièrement sur la vérité matérielle de son antécédent : « Si Dieu a choisi inconditionnellement quelques-uns pour la vie éternelle. »

Nous n'avons pas assez d'espace pour débattre le dogme de la prédestination inconditionnelle. Il a déjà été réfuté par des théologiens compétents et il s'oppose à plus d'une vingtaine de promesses bibliques claires sur le salut, pour quiconque et pour tous ceux qui remplissent les conditions divines[3]. Nous voulons seulement faire remarquer que cette doctrine de la prédestination, au lieu d'établir la certitude du salut final dans la pensée du croyant individuel, détruit en fait cette certitude.

Il est vrai que, selon ce point de vue, si quelqu'un est prédestiné au salut, il sera sauvé, qu'importe ce qu'il fait ou manque de faire. Il est aussi vrai que si le salut résulte du décret éternel, immuable et incompréhensible de Dieu, sans aucune condition s'appliquant à l'individu, personne n'a donc le droit de conclure infailliblement qu'elle fait partie du groupe des élus, quelque religieux qu'il puisse se sentir.

Il s'agit alors d'une sécurité assez bizarre. Quelqu'un dit en effet:

> *Si je suis élu pour la vie éternelle, je suis éternellement en sécurité. Mais je ne puis, vu la nature de ce cas, être sûr que je suis ainsi élu. Je ne puis qu'espérer, humilié par le souvenir des multitudes qui, bien qu'ils fussent avec nous, 'sont sortis du milieu de nous, [car] ils n'étaient pas des nôtres; car s'ils eussent été des nôtres, ils seraient demeurés avec nous, mais cela est arrivé afin qu'il fût manifeste que tous ne sont pas des nôtres' (voir 1 Jean 2.19 – un texte favori des calvinistes).*

II. LE CONCEPT NÉO-CALVINISTE DE LÀ SÉCURITÉ

Dans la plupart des cas, cependant, la doctrine de la sécurité éternelle n'est pas fondée sur le dogme calviniste de la prédestination inconditionnelle. Alors que tous ceux qui enseignent la sécurité éternelle sont fréquemment appelés calvinistes, en réalité la plupart d'entre eux ne sont calvinistes qu'a vingt pour cent. Cela veut dire qu'ils ne retiennent qu'un des fameux « cinq points » du débat armino-calviniste[4]. Ces arminiens à quatre-vingt pour cent ne devraient pas du tout être appelés calvinistes au sens strict – mais l'habitude est devenue si répandue que cela continuera sans aucun doute. «Néo-calvinisme» serait une classification plus exacte.

Ce qui est largement salué comme étant la meilleure et la plus complète présentation de cette forme moderne de la doctrine de la sécurité éternelle est présenté par un laïc du nom de James H. Strombeck[5]. Puisque ce livre semble être considéré comme faisant autorité, il sera utilisé en grande partie comme base pour notre présentation de la position néo-calviniste et sa critique. Le livre constitue, en grande partie, un sérieux effort pour établir la doctrine de la sécurité éternelle sur des évidences bibliques.

Il est nécessaire de déclarer, tout d'abord, que ce n'est pas le concept de la sécurité des enfants de Dieu obéissants qui cause des problèmes. Nous admettons volontiers que toutes les brebis de Christ sont en sûreté, que personne ne peut les ravir de la main du Père, qu'aucune créature ne peut séparer le croyant de l'amour de Dieu qui est en Jésus-Christ notre Seigneur. Tout cela est heureusement vrai.

Nous pouvons dire que ce n'est pas la doctrine de la persévérance des saints qui nous cause des problèmes, mais la doctrine de la persévérance des pécheurs. C'est la supposition sous-jacente – qui devient trop souvent explicite – qu'une seule action de la foi salvatrice, au moment de la conversion, met fin à toute probation, et assure le salut final de l'individu sans tenir compte d'aucune foi ou manque de foi subséquente, et sans tenir compte de la vie de péché ou de justice. Strombeck renie fortement l'antinomianisme – c'est-à-dire l'idée que le chrétien est libéré de toute obligation envers la loi morale – cependant lui aussi l'affirme directement parfois, et c'est le résultat naturel de chaque page qu'il écrit.

Il nous serait impossible, vu l'espace dont nous disposons ici, de soumettre le livre de Strombeck à une considération complète, page par page, bien que le livre mérite un tel traitement.

Nous ne pouvons que souligner quelques-uns des points les plus importants et les commenter brièvement.

Le titre du premier chapitre, « Shall Never Perish » (Ils ne périront jamais), est une exposition de Jean 10.27-29 :

> *Mes brebis entendent ma voix ; je les connais, et elles me suivent. Je leur donne la vie éternelle ; et elles ne périront jamais, et personne ne les ravira de ma main. Mon Père, qui me les a données, est plus grand que tous ; et personne ne peut les ravir de la main de mon Père.*

Strombeck commente :

> *Pour celui qui croit au Seigneur Jésus-Christ aucun passage de la Bible n'est plus rassurant que celui-ci. On y trouve une déclaration inconditionnelle, faite par notre Seigneur, à savoir que ceux qui sont siens le sont pour l'éternité, parce qu'ils sont dans sa main, sous sa protection, et qu'ils sont dans la main du Père, sous sa protection. La puissance du Père est ce qui garantit la condition de cette sécurité*[6].

Nous admettons volontiers que ce passage affirme inconditionnellement : « Aucune des brebis de Christ ne sera perdue. » Il n'y a aucun « si », « et » ou « mais » à ce sujet. L'on doit souligner en même temps que le passage rend aussi inconditionnelle l'affirmation à savoir que les brebis de Christ entendent sa voix et le suivent, et toute personne qui n'entend pas sa voix et ne le suit pas n'est pas sa brebis. Cela n'ajoute pas un « si » là où Dieu n'en a pas mis. Il fait simplement ressortir ce que Jésus a déclaré aussi clairement que les mots puissent l'exprimer : celui qui ne suit pas le Christ ne fait pas partie de son troupeau.

Réduit à sa plus simple logique, ce passage déclare :

> Tous ceux qui sont en sûreté sont des brebis de Christ ;
> Aucun de ceux qui ne le suivent pas n'est sa brebis ;

Par conséquent, aucun de ceux qui ne le suivent pas n'est en sûreté.

Strombeck croit fermement (chapitres 2 et 5 à 7) que les doctrines de la grâce sont incomplètes sans la conclusion exprimée dans la doctrine de la sécurité éternelle. Comme le salut vient par grâce, sa continuité ne saurait être par des œuvres méritoires. Nous admettons volontiers cela. Nous ferons seulement ressortir que le salut est par grâce, par le moyen de la foi non moins quand sa rétention est considérée comme conditionnelle que lorsque sa réception est considérée comme conditionnelle. Si la foi qui retient le salut constitue des «œuvres méritoires», il en est de même de la foi qui reçoit le salut. Mais la foi n'est jamais un acte méritoire[7]. La grâce n'est pas moins grâce parce que la foi la retient, qu'elle ne l'est parce que la foi la reçoit. Un don n'est pas moins un don lorsqu'il devrait être estimé à un prix élevé et gardé jalousement que lorsqu'il peut être traité comme inviolé, qu'il soit évalué ou non.

III. LE SALUT ET LA MANIÈRE DE VIVRE

Au chapitre trois de l'ouvrage de Strombeck, nous sommes assurés que ce n'est pas la manière de vivre qui détermine si quelqu'un est sauvé ou perdu, mais plutôt ce que Dieu dit. Nous sommes certainement d'accord que ce que Dieu dit est la chose la plus importante. En outre, Dieu a parlé en termes très clairs à ce sujet. Mais il n'a pas dit que la vie que l'on mène ne fait aucune différence quant au salut. Par exemple, Matthieu 7.16-21 :

> *Vous les reconnaîtrez à leurs fruits. Cueille-t-on des raisins sur des épines, ou des figues sur des chardons? Tout bon arbre porte de bons fruits, mais le mauvais arbre porte de mauvais fruits. Un bon arbre ne peut porter de mauvais fruits, ni un mauvais arbre porter de bons fruits. Tout arbre qui ne porte pas de bons fruits est coupé et jeté au feu. C'est donc à leurs fruits que vous les reconnaîtrez. Ceux qui*

Sanctification et sécurité

> *me disent : Seigneur, Seigneur ! n'entreront pas tous dans le royaume des deux, mais celui-là seul qui fait la volonté de mon Père qui est dans les deux.*

Ce texte dit-il que le genre de vie que l'on mène ne fait aucune différence en ce qui concerne le salut ? Considérez les passages bibliques suivants :

Romains 6.1, 15 :

> *Que dirons-nous donc ? Demeurerions-nous dans le péché, afin que la grâce abonde ? Quoi donc ! Pécherions-nous parce que nous sommes, non sous la loi, mais sous la grâce ? Loin de là.*

Ce texte dit-il que le genre de vie que l'on mène ne fait aucune différence en ce qui concerne le salut ?

1 Corinthiens 3.16-17 :

> *Ne savez-vous pas que vous êtes le temple de Dieu, et que l'Esprit de Dieu habite en vous ? Si quelqu'un détruit le temple de Dieu, Dieu le détruira ; car le temple de Dieu est saint, et c'est ce que vous êtes.*

Ce texte dit-il que le genre de vie que l'on mène ne fait aucune différence en ce qui concerne le salut ?

Galates 2.17-18 :

> *Mais tandis que nous cherchons à être justifiés par Christ, si nous étions aussi nous-mêmes trouvés pécheurs, Christ serait-il un ministre du péché ? Loin de là ! Car, si je rebâtis les choses que j'ai détruites, je me constitue moi-même un transgresseur.*

Ce texte dit-il que le genre de vie que l'on mène ne fait aucune différence en ce qui concerne le salut ?

Romains 8.14 : « Car tous ceux qui sont conduits par l'Esprit de Dieu sont fils de Dieu. » Ce texte dit-il que le genre de vie que l'on mène ne fait aucune différence en ce qui concerne le salut ?

Jacques 2.17: «Il en est ainsi de la foi: si elle n'a pas les œuvres, elle est morte en elle-même.» Ce texte dit-il que le genre de vie que l'on mène ne fait aucune différence en ce qui concerne le salut?

Dieu a parlé. Dieu a déclaré dans sa Parole éternelle que le genre de vie que l'on mène confirme le salut bien qu'il ne l'achète pas. Celui qui vit dans le péché est un pécheur, quel que soit le nom qu'il se donne, et quoi qu'il puisse avoir été dans le passé.

Au chapitre quatre, Strombeck nous donne une collation splendide des versets concernant la vie éternelle et le salut final. Chacun d'eux entend exactement ce qu'il dit; mais ces textes sont mal interprétés par les néo-calvinistes pour leur faire dire plus qu'ils ne disent en réalité, afin d'appuyer leur théorie à savoir qu'un seul acte de foi garantit le salut final.

IV. LÀ SÉCURITÉ ÉTERNELLE ET L'ANTINOMIANISME

C'est dans la seconde partie du livre de Strombeck que commence à paraître le nez du chameau antinomien dans la tente de la sécurité éternelle. C'est une section sur «La sécurité éternelle et quelques doctrines de la grâce de Dieu». Nous y lisons que tous les versets individuels qui pourraient sembler discréditer la doctrine de la sécurité éternelle doivent être interprétés en harmonie avec ce que l'auteur appelle joyeusement «grâce vérité[8]». Ainsi, ce n'est pas réellement ce que Dieu dit qui doit être pris au pied de la lettre, mais plutôt comment ces paroles peuvent être interprétées en harmonie avec une notion préconçue de la «grâce».

Étant donné que le salut est par la grâce et non par les œuvres, Strombeck écrit:

> *Donc le démérite [c'est-à-dire le péché] ne fait pas obstacle à l'opération de la grâce, ni ne peut mettre de côté ce que la*

> *grâce a accompli. En fait, le démérite (ou le péché) est l'occasion pour la grâce d'accomplir son œuvre[9].*

C'est une théorie très rapprochée de celle que Paul désavoue avec tant de vigueur dans Romains 6.1-2 : «Demeurerions-nous dans le péché, afin que la grâce abonde? Loin de là!»

Strombeck exprime sa pensée – imprimée en italique – avec une clarté indubitable :

> *Si tout vestige possible du mérite humain est exclu [par le fait que le salut est par grâce par le moyen de la foi], les actes de l'homme – à part l'acceptation du Sauveur – n'ont alors pas de relation avec le salut, et ainsi aucun acte ou démérite de l'homme ne peut lui coûter d'être exclu de sa condition d'être sauvé.*

Que Strombeck entend bien ce qu'il semble vouloir dire, cela est rendu par ailleurs évident par une déclaration où l'auteur dresse une liste d'exemples de ces «actes de démérite» qui ne peuvent affecter le salut du croyant, et qui embrasse tout, des «paroles méchantes lancées à la légère» à des choses comme «le vol, la fausseté [le mensonge], l'idolâtrie, l'ivrognerie, la débauche, la fornication, l'adultère, le meurtre.» Aucun de ces péchés ne peut affecter, nous dit-on, la condition du croyant, en ce qui concerne son salut. «Au regard de la pénalité de la loi sainte de Dieu et des exigences de sa justice, la question du péché est résolue une fois pour toutes, à partir du moment où un individu croit que Christ a payé le prix à sa place[10].»

Il est difficile de garder sa modération quand on a affaire à des points de vue extrêmes de ce genre. Disons simplement qu'il ne s'agit pas ici de grâce, mais de disgrâce.

Strombeck n'est pas le seul à professer cet antinomianisme qui envahit, comme une plaie, la théorie de la sécurité éternelle, partout où il apparaît. Feu l'évangéliste américain John R. Rice, par exemple, a écrit :

Concepts contradictoires de la sainteté

> *Ainsi, bien qu'un chrétien puisse perdre la douce communion avec le Père, à cause de ses péchés, il est toujours enfant de Dieu, participant de la nature divine. Dieu punit ses enfants lorsqu'ils pèchent, mais ils demeurent néanmoins ses enfants[11].*

L'une des déclarations les plus osées de l'antinomianisme latent, en rapport avec ce point de vue de la « grâce », se trouve dans l'ouvrage d'Auguste Van Ryn, *The Epistles of John* [Les épîtres de Jean]. Dans son commentaire sur 1 Jean 5.16 : « Il y a un péché qui mène à la mort », l'auteur dit :

> *L'apôtre se réfère probablement au péché qui est si grave dans la vie d'un croyant que Dieu ne peut permettre à une telle personne de continuer à vivre sur la terre. Il a été dit qu'un croyant est digne d'aller au ciel, mais peut ne pas être digne de vivre sur la terre ... Ceci peut bien vouloir dire que de tels gens peuvent être enlevés par la mort, parce qu'ils déshonorent tellement le nom de Christ qu'il ne leur est pas permis de rester plus longtemps sur la terre. Ils sont rachetés par le sang de Christ et, ainsi, ils sont dignes d'entrer au ciel ; mais leur vie est si déplaisante aux yeux de Dieu qu'il ne leur est pas permis de rester sur la terre[12].*

Cette déclaration conduit la position de la sécurité éternelle à son résultat logique, et ainsi elle se contredit presque. Quelle profonde contradiction entre cette position et la Parole de Dieu ! L'évidence de l'Écriture a été considérée en partie, au moins, au chapitre trois de ce livre, et elle sera démontrée davantage dans la section suivante.

Revenant à la déclaration de Strombeck à savoir que « les actes humains, à part le fait d'accepter le Sauveur, n'ont aucun rapport avec le salut », on se demande pourquoi – si « le fait d'accepter le Sauveur » a un rapport avec le salut – le fait de rejeter le Sauveur n'a pas un rapport tout aussi vital. Au vrai, Hébreux 6.4-6 affirme clairement que ce rejet affecte le salut :

> *Car il est impossible que ceux qui ont été une fois éclairés, qui ont goûté le don céleste, qui ont eu part au Saint-Esprit, qui ont goûté la bonne Parole de Dieu et les puissances du siècle à venir, et qui sont tombés, soient encore renouvelés et amenés à la repentance, puisqu'ils crucifient pour leur part le Fils de Dieu, et l'exposent à l'ignominie.*

Si cela ne veut pas dire que l'apostasie finale est possible, alors le langage du texte ne signifie rien du tout.

Dire qu'aucun péché ne peut affecter le salut final du croyant, c'est porter un démenti à la Parole de Dieu. En Esaïe 59.1-2 nous lisons :

> *Non, la main de l'Éternel n'est pas trop courte pour sauver, ni son oreille trop dure pour entendre ; mais ce sont vos crimes qui mettent une séparation entre vous et votre Dieu. Ce sont vos péchés qui vous cachent sa face et l'empêchent de vous écouter.*

Aucune personne, aucune puissance, aucune chose ne peut séparer une âme de Dieu. Mais le péché n'est ni une personne, ni une puissance, ni une chose. C'est un choix, un acte de la volonté, une attitude de l'âme. Le péché peut séparer et séparera toujours de la grâce de Dieu l'âme qui pèche.

Considérons trois autres passages dans ce même ordre d'idées :

Ézéchiel 33.12 :

> *Et toi, fils de l'homme, dis aux enfants de ton peuple : La justice du juste ne le sauvera pas au jour de sa transgression … de même que le juste ne pourra pas vivre par sa justice au jour de sa transgression.*

Apocalypse 21.8 :

> *Mais pour les lâches, les incrédules, les abominables, les meurtriers, les impudiques, les enchanteurs, les idolâtres, et tous les menteurs, leur part sera dans l'étang de feu et de soufre, ce qui est la seconde mort.*

Apocalypse 22.19 :

> *Et si quelqu'un retranche quelque chose des paroles du livre de cette prophétie, Dieu retranchera sa part de l'arbre de la vie et de la ville sainte, décrits dans ce livre.*

Est-ce qu'aucun de ces versets veut dire que «les actes humains, à part le fait d'accepter le Sauveur, n'ont aucun rapport avec le salut?» Y a-t-il aucun texte biblique appuyant la notion à savoir «qu'un croyant est digne d'aller au ciel, mais peut ne pas être digne de vivre sur la terre»? De quelle valeur sont les dogmes des hommes – même des hommes qui sont personnellement pieux – s'ils font du péché une licence dans la vie chrétienne et renient la Parole de Dieu? «Celui qui dit: Je l'ai connu et qui ne garde pas ses commandements, est un menteur, et la vérité n'est point en lui» (1 Jean 2.4).

Les doctrines de la grâce sont précieuses au cœur du croyant, mais on ne peut s'en servir comme d'un manteau pour le péché. Le salut est par grâce seulement, jamais par les œuvres. Mais le salut n'est pas moins par grâce, bien qu'il soit une relation actuelle avec Dieu maintenue, comme elle a été obtenue, par une foi vivante et vitale.

L'obéissance de la foi n'est en aucun sens une œuvre méritoire. Si elle doit être par grâce par le moyen de la foi, alors elle ne peut être par les œuvres. Rappelons-nous que «la grâce de Dieu, source de salut pour tous les hommes, a été manifestée. Elle nous enseigne à renoncer à l'impiété et aux convoitises mondaines, et à vivre dans le siècle présent selon la sagesse, la justice et la piété» (Tite 2.11-12). Ce passage ne nous enseigne pas que quoi que fasse jamais un croyant, cela n'affectera jamais son salut final.

V. QUE DIT LE SEIGNEUR

Nous avons assez discuté de l'aspect logique de ce problème. Notre auteur se plaint que ceux qui s'opposent à la doctrine de la sécurité éternelle ne citent jamais les Écritures, mais font simplement des déclarations sans fondement. Ayant à l'esprit les prétentions de la doctrine de la sécurité éternelle, voyons maintenant ce que dit l'Éternel.

Nous allons arranger notre collation des passages bibliques en deux grands groupes : d'une part ces passages qui enseignent que le salut final demeure sur la foi continue aussi bien que sur la foi initiale ; et, d'autre part, ces passages qui font une déclaration directe de la possibilité de l'apostasie finale des personnes régénérées. Sur un total de plus de quatre-vingt passages, une certaine sélection est évidemment nécessaire. Nous n'en mentionnerons donc ici que quelques-uns dans chacun des deux groupes. On devra y ajouter les versets cités auparavant dans ce chapitre et au chapitre trois qui indiquent qu'aucun enfant de Dieu ne vit dans le péché.

1. *La nature de la foi salvatrice*

Le salut final est par grâce par le moyen de la foi, ce qui n'est pas un acte unique et simple, mais une attitude constante résultant en un pèlerinage avec Dieu, marquée au coin de l'obéissance. Feu Daniel Steele, docteur en théologie a soigneusement examiné toutes les références du Nouveau Testament relatives à la foi en rapport avec le salut final ou éternel. Le temps présent est employé dans chaque cas, indiquant le caractère continu de la foi. On ne peut prétendre que si quelqu'un est une fois un croyant, il est alors un croyant pour toujours. Nous avons cru

Concepts contradictoires de la sainteté

une fois au Père Noël, mais nous n'y croyons plus maintenant. Pour être efficace, la foi doit être continue.

Mais à part la signification des temps, la voix de l'Écriture est claire. Strombeck nous reproche de mettre un «si» là où il n'y en a pas[13]. Que pouvons-nous dire de ceux qui ont enlevé le «si» là où Dieu l'a placé? Pensez comment il nous faudrait lire les passages suivants, par exemple, si la doctrine actuelle de la sécurité éternelle était vraie.

Jean 8.31 dit:

> *Et il [Jésus] dit aux Juifs qui avaient cru en lui: Si vous demeurez dans ma parole, vous êtes vraiment mes disciples.»* il nous faudrait alors changer ce verset pour qu'il se lise ainsi: «*Que vous continuiez ou non à demeurer dans ma parole, vous êtes vraiment mes disciples.*

En Jean 8.51 nous lisons: «En vérité, en vérité, je vous le dis, si quelqu'un garde ma parole, il ne verra jamais la mort.» Il nous faudrait corriger cette déclaration, apparemment erronée, si nous devrions l'harmoniser avec l'enseignement de la sécurité éternelle, et lire: «Même celui qui ne continue pas dans ma parole ne verra jamais la mort, s'il a jamais fait la connaissance du salut.»

Selon nos amis partisans de la sécurité éternelle, Paul commit une erreur très grave quand, en Colossiens 1.22-23, il parla du but de Christ «pour vous faire paraître devant lui saints, irrépréhensibles et sans reproche, si du moins vous demeurez fondés et inébranlables dans la foi, sans vous détourner de l'espérance de l'Évangile».

L'auteur de l'épître aux Hébreux serait dans l'erreur lorsqu'il déclare au chapitre trois et au verset six que Christ est «Fils sur sa maison; et sa maison, c'est nous, pourvu que nous retenions jusqu'à la fin la ferme confiance et l'espérance dont nous nous glorifions». Il aurait dû dire plutôt: «Sa maison, c'est nous, que nous retenions notre espérance ou non.»

Pierre et Jean lui-même ont manqué de représenter correctement la sécurité éternelle et inconditionnelle du croyant. Pierre déclare: «C'est pourquoi, frères, appliquez-vous d'autant plus à affermir votre vocation et votre élection; car, en faisant cela, vous ne broncherez jamais» (2 Pierre 1.10). Jean exhorte: «Que ce que vous avez entendu dès le commencement demeure en vous. Si ce que vous avez entendu dès le commencement demeure en vous, vous demeurerez aussi dans le Fils et dans le Père» (1 Jean 2.24). Pierre aurait dû dire: «C'est pourquoi, frères, reconnaissez que votre appel et votre élection sont déjà assurés; quoi que vous fassiez, vous ne broncherez jamais.» Jean lui-même aurait dû écrire: «Il n'y a ni si, ni question là-dessus; vous continuerez à être dans le Fils et dans le Père.»

L'enseignement de la Parole de Dieu est indubitable. Nous avons affaire ici à des propositions conditionnelles. Dans une proposition conditionnelle, la partie contenant la condition est appelée antécédent; la partie qui exprime la conclusion est appelée conséquent. Le manuel de logique le plus élémentaire nous dira que la partie conséquente d'une déclaration conditionnelle ne peut être affirmée que lorsque la partie antécédente est d'abord affirmée.

Nos amis partisans de la sécurité éternelle enseignent qu'un seul acte historique de foi établit pour toujours le statut du croyant devant Dieu. Strombeck déclare formellement que même l'incroyance subséquente, qui est une forme du péché, ne peut mettre en péril le salut final[14].

Une telle position est tout à fait contredite par la Bible. Paul écrit, par exemple, aux Corinthiens:

> *Je vous rappelle, frères, l'Évangile que je vous ai annoncé, que vous avez reçu, dans lequel vous avez persévéré, et par*

> *lequel vous êtes sauvés, si vous le retenez tel que je vous l'ai annoncé; autrement, vous auriez cru en vain »* (1 Corinthiens 15.1-2). *Nous avons ici encore une autre déclaration conditionnelle : ... par lequel vous êtes sauvés, si vous le retenez tel que je vous l'ai annoncé. »* Il s'agit ici d'une déclaration directe que leur première foi pourrait être en vain, non en raison d'une infidélité quelconque de la part de Dieu, mais plutôt en raison de leur propre négligence à garder l'Évangile.

Par ailleurs, Paul écrit en 2 Corinthiens 1.24:

> *Ce n'est pas que nous cherchions à dominer sur votre foi, mais nous voulons contribuer à votre joie, puisque vous demeurez fermes dans la foi (version Synodale).*

«Vous demeurez fermes dans la foi» – il n'est pas possible de demeurer ferme en dehors de cette foi continue.

Paul exhorte en 1 Timothée 6.12: «Combats le bon combat de la foi, saisis la vie éternelle, à laquelle tu as été appelé, et pour laquelle tu as fait une belle confession en présence d'un grand nombre de témoins.» Ou bien le jeune Timothée n'était pas encore né de nouveau – ce qui est incroyable – ou bien le seul fait d'une nouvelle naissance ne peut de lui-même sceller le salut final, comme le prétendent les partisans de la doctrine de la sécurité éternelle.

En Hébreux 3.12-14, l'apôtre s'adresse à ses frères en Christ en des termes qui sont totalement dénués de sens, si cette doctrine est réelle:

> *Prenez garde, frères, que quelqu'un de vous n'ait un cœur mauvais et incrédule, au point de se détourner du Dieu vivant. Mais exhortez-vous les uns les autres chaque jour, aussi longtemps qu'on peut dire: Aujourd'hui! afin qu'aucun de vous ne s'endurcisse par la séduction du péché. Car nous sommes devenus participants de Christ, pourvu que nous re-*

Sanctification et sécurité

tenions fermement jusqu'à la fin l'assurance que nous avions au commencement.

Ceci ne semble pas du tout vouloir dire qu'un seul acte initial de la foi assure le salut pour toujours. Il y a, dans la foi, une continuité qui est tout aussi nécessaire que le premier acte de foi.

L'apôtre Pierre partage la même opinion, car dans 1 Pierre 1.5 il dit: «À vous qui, par la puissance de Dieu, êtes gardés par la foi pour le salut prêt à être révélé dans les derniers temps.» Nous sommes gardés, non pas indépendamment de notre foi, mais par la foi. Et nous sommes gardés par la foi jusqu'au salut final qui n'est pas une possession inaliénable maintenant, mais qui est «prêt à être révélé dans les derniers temps».

Il n'est pas facile de savoir où fixer les limites dans cette citation d'évidence scripturaire que le salut est une communion actuelle avec Dieu. Il est difficile d'omettre Romains 2.6-7: «Qui rendra à chacun selon ses œuvres: réservant la vie éternelle à ceux qui, par la persévérance à bien faire, cherchent l'honneur, la gloire, et l'immortalité.» Il est difficile de laisser de côté Hébreux 5.9: «Et qui après avoir été élevé à la perfection, est devenu pour tous ceux qui lui obéissent l'auteur d'un salut éternel.» Il est difficile d'ignorer Apocalypse 3.5: «Celui qui vaincra sera revêtu ainsi de vêtements blancs; je n'effacerai point son nom du livre de vie, et je confesserai son nom devant mon Père et devant ses anges.»

Car, si la doctrine de la sécurité éternelle est vraie, alors tous ces versets, et une douzaine d'autres que l'on pourrait ajouter, sont entièrement dénués de sens, sinon totalement faux. Mais nous disons: «Que Dieu soit reconnu pour vrai» et, si c'est nécessaire, «tout homme pour menteur». Aucune doctrine ne peut être acceptable si elle rend fausse ou sans signification une si grande partie de la Parole de Dieu.

2. *La possibilité de l'apostasie finale*

En plus de ces références qui indiquent une foi continue aussi bien qu'historique, comme condition pour le salut final, il y a de nombreux autres[15] qui affirment certainement la possibilité de l'apostasie finale de ceux qui, à un certain moment donné dans le passé, avaient cru à salut. Nous y relèverons seulement les passages suivants.

Matthieu 18.34-35 :

> *Et son maître irrité le livra aux bourreaux, jusqu'à ce qu'il eût payé tout ce qu'il devait. C'est ainsi que mon Père céleste vous traitera, si chacun de vous ne pardonne à son frère de tout son cœur.*

Le contexte rend clair comme de l'eau de roche que ceux qui ont été pardonnés auront encore à répondre de leurs péchés, s'ils refusent, à leur tour, de pardonner à ceux qui pèchent contre eux.

Luc 8.13 :

> *Ceux qui sont sur le roc, ce sont ceux qui, lorsqu'ils entendent la parole, la reçoivent avec joie ; mais ils n'ont point de racine, ils croient pour un temps, et ils succombent au moment de la tentation.*

C'est là une parabole – mais une parabole enseigne la vérité. La vérité ici c'est qu'il y a quelques croyants qui reçoivent la Parole avec joie, mais plus tard ils tombent et périssent.

Luc 12.42-46 :

> *Et le Seigneur dit : Quel est donc l'économe fidèle et prudent que le maître établira sur ses gens, pour leur donner la nourriture au temps convenable ? Heureux ce serviteur, que son maître, à son arrivée, trouvera faisant ainsi ! Je vous le dis en vérité, il l'établira sur tous ses biens. Mais, si ce serviteur dit en lui-même : Mon maître tarde à venir, s'il se met à battre les serviteurs et les servantes, à manger, à boire et à s'enivrer, le maître de ce serviteur viendra le jour où il ne*

> *s'y attend pas et à l'heure qu'il ne connaît pas, il le mettra en pièces, et lui donnera sa part avec les infidèles.*

On ne peut pas dire ici que Jésus parlait des serviteurs et non des fils ou des amis[16], à moins qu'on ne veuille admettre qu'un serviteur, et non un fils ou un ami, puisse prendre charge de tout ce qu'il possède. Il s'agit évidemment du même serviteur – dans un cas, fidèle et avisé ; dans l'autre cas, déloyal et infidèle.

Romains 11.20-22 :

> *Cela est vrai ; elles ont été retranchées pour cause d'incrédulité, et toi, tu subsistes par la foi. Ne t'abandonne pas à l'orgueil, mais crains ; car si Dieu n'a pas épargné les branches naturelles, il ne t'épargnera pas non plus. Considère donc la bonté et la sévérité de Dieu : sévérité envers ceux qui sont tombés, et bonté de Dieu envers toi, si tu demeures ferme dans cette bonté ; autrement, tu seras aussi retranché.*

La persévérance dans la bonté de Dieu est nécessaire au salut final.

1 Corinthiens 8.10-11 :

> *Car si quelqu'un te voit, toi qui as de la connaissance, assis à table dans un temple d'idoles, sa conscience, à lui qui est faible, ne le portera-t-elle pas à manger des viandes sacrifiées aux idoles ? Et ainsi le faible périra par ta connaissance, le frère pour lequel Christ est mort !*

Ces versets sont à la fois un témoignage de l'importance de notre influence sur les autres et une attestation du fait que les frères pour lesquels Christ est mort peuvent périr si l'influence de chrétiens plus forts n'est pas ce qu'elle devrait être.

Galates 5.1, 4 :

> *C'est pour la liberté que Christ nous a affranchis. Demeurez donc fermes, et ne vous laissez pas mettre de nouveau sous le joug de la servitude. Vous êtes séparés de Christ, vous*

> *tous qui cherchez la justification dans la loi; vous êtes déchus de la grâce.*

Ces paroles étaient adressées à de jeunes chrétiens qui étaient tentés d'abandonner leur foi en Christ pour retourner à la loi. Il leur est dit clairement qu'agir ainsi c'est déchoir de la grâce.

1 Thessaloniciens 3.5 :

> *Ainsi dans mon impatience, j'envoyai m'informer de votre foi, dans la crainte que le tentateur ne vous eût tentés, et que nous n'eussions travaillé en vain.*

Si les Thessaloniciens étaient éternellement en sûreté, comment se fait-il que l'apôtre craignait d'avoir travaillé en vain ?

1 Timothée 4.1 :

> *Mais l'Esprit dit expressément que dans les derniers temps, quelques-uns abandonneront la foi, pour s'attacher à des esprits séducteurs et à des doctrines de démons.*

On ne peut se séparer de ce qu'on n'a jamais possédé. Les derniers jours sont des temps d'apostasie.

Hébreux 10.26-29 :

> *Car, si nous péchons volontairement après avoir reçu la connaissance de la vérité, il ne reste plus de sacrifice pour les péchés, mais une attente terrible du jugement et l'ardeur d'un feu qui dévorera les rebelles. Celui qui a violé la loi de Moïse meurt sans miséricorde, sur la déposition de deux ou de trois témoins ; de quel pire châtiment pensez-vous que sera jugé digne celui qui aura foulé aux pieds le Fils de Dieu, qui aura tenu pour profane le sang de l'alliance, par lequel il a été sanctifié, et qui aura outragé l'Esprit de la grâce.*

Nous avons ici une forte déclaration au sujet de la possibilité de l'apostasie finale, même de la part de ceux qui étaient sanctifiés par le Sang de l'alliance. Cette déclaration ne laisse aucune question non tranchée.

Jacques 5.19-20 :

> *Mes frères, si quelqu'un parmi vous s'est égaré loin de la vérité, et qu'un autre l'y ramène, qu'il sache que celui qui ramènera un pécheur de la voie où il s'était égaré sauvera une âme de la mort et couvrira une multitude de péchés.*

Ce texte s'adresse clairement à ceux communément appelés relaps ou rétrogrades – qui étaient des frères, mais qui se sont éloignés de la vérité. Si de telles personnes se convertissent, une âme est sauvée de la mort, et une multitude de péchés est cachée sous le Sang précieux.

2 Pierre 2.20-21 :

> *En effet, si, après s'être retirés des souillures du monde, par la connaissance du Seigneur et Sauveur Jésus-Christ, ils s'y engagent de nouveau et sont vaincus, leur dernière condition est pire que la première. Car mieux valait pour eux n'avoir pas connu la voie de la justice, que de se détourner, après l'avoir connue, du saint commandement qui leur avait été donné.*

Il est inutile d'expliquer ce passage somme s'il faisait allusion à une réformation humaine. Toute l'épître est un retentissant avertissement à l'Église pour qu'elle prenne garde à l'influence des faux prophètes, détruisant la foi et damnant les âmes de ceux qui ont cru. Ces paroles n'auraient jamais pu être prononcées à moins que la possibilité de l'apostasie finale ne fût vraiment réelle.

2 Jean 8-9 :

> *Prenez garde à vous-mêmes, afin que vous ne perdiez pas le fruit de votre travail, mais que vous receviez une pleine récompense. Quiconque va plus loin et ne demeure pas dans la doctrine de Christ n'a point Dieu ; celui qui demeure dans cette doctrine a le Père et le Fils.*

Demeurer dans la doctrine et éviter la transgression – ce sont là des conditions perpétuelles pour la possession de Dieu et l'espérance de la vie éternelle.

«Ainsi parle l'Éternel!»

VI. SÉCURITÉ: VRAIE ET FAUSSE

La sécurité dont nous jouissons en Christ ne signifie pas absence de danger. Une fausse sécurité, qui nie l'existence de danger est le pire état d'esprit que l'on puisse imaginer. La vraie sécurité ne peut exister que lorsque l'on a conscience de la possibilité d'un péril, et de la disponibilité des ressources pour y faire face. C'est celui qui «croit être debout» qui est vraiment en danger de tomber (1 Corinthiens 10.12). Il y a ici un étrange paradoxe. La sanctification et la sécurité ont chacun deux côtés – un côté divin et un côté humain. Nos amis néo-calvinistes nient le côté divin de la sanctification; ils le considèrent, en pratique, comme n'étant que de la consécration humaine. D'autre part, ils nient le côté humain de la sécurité, et la fait dépendre entièrement du côté divin. Le remède à ces deux erreurs est de reconnaître la vraie nature de la grâce divine: une capacité divine mise gratuitement à la disposition de ceux qui la désirent; une association avec Dieu tant pour le salut de l'âme que pour la rédemption d'une race déchue.

Il existe une vraie sécurité pour chaque croyant en Christ. Elle ne se trouve pas dans une mésinterprétation fantastique des doctrines de la grâce, mais dans une relation vivante avec Dieu. Certains de nos frères, partisans de la doctrine de la sécurité éternelle, ont une étrange notion à propos de notre enseignement. Ils parlent de la «doctrine arminienne de l'insécurité» (Chafer) et de la «perte d'assurance» du croyant (Strombeck). Douglas C. Hartley écrit dans un article sur «la sécurité du croyant»:

Sanctification et sécurité

Le chrétien qui maintient qu'il peut être perdu, perd beaucoup, et, ayant « l'esprit inquiet » (Luc 12.29, Synodale), il ne peut servir Dieu comme il le devrait. À la vérité, beaucoup d'entre eux dépassent en service quelques-uns qui embrassent la doctrine de la sécurité, mais leur service ne peut atteindre leur pleine capacité parce qu'ils s'inquiètent trop d'eux-mêmes. Ils ne peuvent pas non plus faire pleinement l'expérience de la joie du salut; ils ne peuvent être libérés de la peur de la mort tandis qu'ils sont perdus; ils ne peuvent posséder la connaissance que Christ satisfait pleinement; ils ne peuvent non plus partager pleinement l'intérêt de Dieu pour l'inconverti, parce qu'ils s'inquiètent d'eux-mêmes.

De plus, comment peuvent-ils recommander à d'autres Celui en qui ils ne peuvent se confier pleinement ? Leur propre foi leur fait défaut parce qu'ils ne veulent – ne peuvent – ni faire confiance entièrement à l'amour de Dieu, tel qu'il est exprimé dans l'œuvre définitive de Christ, ni s'appuyer sur les promesses et les privilèges de cet amour ou de cette œuvre. Ils doivent compter sur leur faible force, au lieu du pouvoir infini du Tout-Puissant, pour marcher comme « des enfants de lumière » (Éphésiens 5.8). Étant esclaves de la crainte parce que, pour eux, le sacrifice de Christ ne les a pas complètement libérés de la loi, ils n'ont pas été « appelés à la liberté » (Galates 5.13). Ils ne veulent pas croire que « la vérité vous rendra libres » (Jean 8.32, Synodale)[17].

C'est là une déformation complète de la position armino-wesleyenne. En fait, dans l'histoire du protestantisme la doctrine de l'assurance chrétienne est directement la contribution du réveil wesleyen. L'auteur n'a pas encore rencontré un frère chrétien de tendance arminienne qui est harcelé par ce sentiment imaginaire d'être en danger de perdre son âme.

L'enfant de Dieu né de nouveau ne craint pas plus d'être perdu que d'être tenté de commettre le suicide physique. Il n'a pas besoin qu'on lui dise qu'il ne lui est pas possible de se suicider pour être délivré de la crainte de se suicider. La condamnation pour le péché est la seule base possible pour un manque d'assurance chrétienne. Comme nous l'avons fait remarquer au chapitre trois de ce livre, Dieu a pourvu à un remède instantané et complet à une telle condamnation. Pour chaque personne qui devient découragée par la crainte de rétrograder, il y a cent qui sont conduites dans le marais de l'insouciance antinomienne par la doctrine de la sécurité inconditionnelle.

La sécurité de l'âme du chrétien repose sur la grâce de Dieu exprimée au temps présent : la grâce qui sauve ; la grâce qui sanctifie ; et la grâce qui maintient.

C'est de la sécurité sans présomption.

C'est de la sécurité pour l'âme sans la licence de pécher.

Elle atteint son apogée dans l'entière sanctification du cœur du croyant, détruisant la propension intérieure au péché et perfectionnant l'amour de Dieu au dedans de nous.

> *Étant donc justifiés par la foi, nous avons la paix avec Dieu par notre Seigneur Jésus-Christ, à qui nous devons d'avoir eu par la foi accès à cette grâce, dans laquelle nous demeurons fermes, et nous nous glorifions dans l'espérance de la gloire de Dieu (Romains 5.1-2).*
>
> *Recherchez la paix avec tous, et la sanctification, sans laquelle personne ne verra le Seigneur. Veillez à ce que nul ne se prive [ne déchoie] de la grâce de Dieu ; à ce qu'aucune racine d'amertume, poussant des rejetons, ne produise du trouble, et que plusieurs n'en soient infectés (Hébreux 12.14-15).*

La présence du Saint-Esprit dans le cœur du croyant produit la sécurité intérieure. Son œuvre bénie est de guider dans toute la vérité, assurant l'âme contre toute tentation envahissante, et procurant la grâce qui nous rend « plus que vainqueurs par celui qui nous a aimés » (Romains 8.37).

INDEX DES RÉFÉRENCES

CHAPITRE 1

1. Voyez *La Sainte Bible* avec commentaires de C. I. Scofield, édition de La Société Biblique de Genève, 1975, p. 1459.
2. Personnages du roman *Le cas étrange du Dr jekyll et de Hyde* de Robert Louis Stevenson, écrivain écossais. Dr Jekyll était, le jour, un médecin très gentil qui, à l'aide d'une potion de son invention, se transformait, la nuit, en un autre homme (M. Hyde), connu pour sa brutalité et son immoralité.
3. Lewis Sperry Chafer, *Systematic Theology* (Dallas, Texas : Dallas Seminary Press, 1947), tome VI, p. 270.
4. Il existe une sainteté cérémonielle qui appartient aux choses et aux jours, et qui s'applique occasionellement aux personnes, même à des incroyants (cf. 1 Corinthiens 7.14). Cela, cependant, n'est jamais représenté dans la Bible comme le plus haut sommet de la sainteté pour le croyant, comme la sainteté de position l'est pour les partisans de la doctrine de la sécurité éternelle. Pour une excellente étude sur la sainteté cérémonielle, voyez Charles Ewing Brown, *The Meaning of Sanctification* (Anderson, Indiana : The Warner Press, 1945), pp. 138-43.
5. Comparez avec la contrepartie de ces versets en Col. 3.5-10.
6. Op. cit., tome VI, p. 288.

CHAPITRE DEUX

1. Lewis Sperry Chafer, *Systematic Theology,* (Dallas, Texas : Dallas Seminary Press), tome VI, pp. 284-85.
2. Voyez le chapitre qautre pour les évidences identifiant le baptême du Saint-Esprit et l'entière sanctification.
3. Cf. chapitre qautre.
4. Le comble de la plénitude de l'Esprit était accepté par l'Église de Jérusalem comme une évidence convaincante que « Dieu a ... accordé la repentance aussi aux païens, afin qu'ils aient la vie » (Actes 11.18). Le mot « sauvé » en Actes 11.18 n'est pas synonyme de « converti », mais inclut toute l'œuvre rédemptrice de Dieu dans le cœur.
5. Dwight L. Moody, *Secret Power* (Chicago : The Bible Institute Colportage Association, 1908), pp. 16,50.
6. Daniel Steele, *Milestone Papers* (New York : Eaton and Mains, 1878), « The Tense Readings of the Greek New Testament », pp. 53-90. Ce chapitre a été réimprimé récemment dans un appendice au livre de Charles Ewing Brown, The Meaning of Sanctification. Un résumé plus complet a été préparé par Olive Winchester et Ross E. Price, docteurs en théologie, dans leur livre, *Crisis Expériences in the Greek New Testament* (Kansas City, Missouri : Beacon Bill Press, 1953).

7. William Hersey Davis, *Beginner's Grammar of the Creek New Testament* (New York : George Doran Co., 1923), p. 123 (les italiques apparaissant dans la citation se trouvent dans l'original).
8. Hadley, Creek *Grammar for Schools and Collèges,* cité par Winchester et Price, op cit.
9. Cité par Winchester et Price, ibid.
10. Op. cit., pp. 57,59,65-66.
11. Ibid., p. 90.

CHAPITRE TROIS

1. Richard S. Taylor, *A Right Conception of Sin* (Kansas City, Missouri : Beacon Hill Press, 1945).
2. Lewis Sperry Chafer, *Systematic Theology* (Dallas, Texas : Dallas Seminary Press, 1947), tome VI, p. 185.
3. John Wesley, *Une exposition claire et simple de la perfection chrétienne.* Editions Foi et Sainteté.
4. La même méthode peut être utilisée, évidemment, pour déterminer la signification de la forme substantive du mot « péché », et toutes ses autres formes en rapport avec le Nouveau Testament. Étant donné qu'il existe quelque 300 emplois du terme, rien que dans le Nouveau Testament, une telle entreprise est trop vaste pour être considérée ici.
5. La liste, tirée de Young's *Analytical Concordance,* est la suivante : Actes 25.8 ; Matt. 18.15 ; Luc 17.3-4 ; 1 Pi. 2.20 ; Matt. 18.21 ; 27.4 ; Luc 15.18, 21 ; Jn. 5.14 ; 8.11 ; 9.2-3 ; Rom. 2.12 ; 3.23 ; 5.12,14,16 ; 6.15 ; 1 Corinthiens 6.18 ; 7.28, 36 ; 8.12 ; 15.34 ; Éphésiens 4.26 ; 1 Tim. 5.20 ; Tite 3.11 ; Héb. 3.17 ; 10.26 ; 2 Pi. 2.4 ; 1 Jn. 1.10 ; 2.1 ; 3.6,8-9 ; 5.16,18.
6. La loi mosaïque. Voyez le contexte.
7. H. Orton Wiley, *Christian Theology* (Kansas City, Missouri : Beacon Hill Press, 1952), tome 2, p. 508.
8. Charles Ewing Brown, *The Meaning of Salvation* (Anderson, Indiana : The Warner Press, 1944), p. 157.
9. Chafer, op. cit., p. 288.

CHAPITRE QAUTRE

1. Ralph Riggs, *The Spirit Himself* (Springfield, Missouri : The Gospel Publishing House, 1949). À l'époque où il écrivait ce livre, Ralph Riggs était un surintendant général adjoint des Assemblées de Dieu dont le quartier général se trouve à Springfield, Missouri (E.U.A.).
2. Préface, page v.
3. Voyez, par exemple, Charles Ewing Brown, *The Meaning of Sanctification* (Anderson, Indiana : The Warner Press, 1945), pp. 114-15.
4. Op. cit., chapitres VII et VIII.
5. Ibid., p. 47.
6. *The Person and Work of the Holy Spirit*, pp. 174, 176. Cité par Riggs, op. cit., pp. 47-48.
7. ChapitreXIII.
8. Ibid., p. 102.
9. Ibid., p. 106.

10. Ibid., p. W.
11. Ibid., p. 23.
12. Ibid., p. 84.
13. Ibid., pp. 84-85.
14. Ibid., pp. 85-86.
15. Ibid., p. 66.
16. Un terme technique qui signifie expression extatique qui n'est pas ordinairement intelligible à ceux qui parlent ou à ceux qui écoutent.
17. Riggs, op. cit., p. 89.
18. Ibid., p. 97.
19. Ibid., p. 164.
20. Ibid., p. 86.
21. Ibid., p. 89.
22. En ajoutant Actes 4.30-31 et Actes 9.17 aux quatre autres passages décrits au chapitre deux.

CHAPITRE CINQ

1. *Institution de la religion chrétienne*, tome II, ch. xxi, pp. 309, 404. Édition nouvelle publiée par la Société Calviniste de France. Labor et Fides (Genève).
2. Lewis Sperry Chafer, *Systematic Theology*, op. cit., tome III, p. 269. L'étudiant de la Bible attentif trouvera les références suivantes, parmi d'autres, des plus convaincantes sur ce point: Esa. 45.22; 55.1; Ezé. 33.11; Matt. 11.28; Marc 16.15-16; Jn. 1.12; 3.17; 12.47; Actes 2.21; 17.30; Rom. 1.16; 5.18; 1 Corinthiens 1.21; 2 Corinthiens 5.14-15, 19-20; Col. 1.28; 1 Tim. 2.1-6; Tite 2.11-12; Héb. 2.9; 2 Pi. 3.9; 1 Jn. 2.1-2; Ap. 3.20; 22.17. Cf. R. A. Shank, perfect in the son (Springfield, Missouri: Wescott Publishers, 1970).
4. Les «cinq points» comprennent: la prédestination inconditionnelle, l'expiation limitée, l'incapacité totale de l'homme, la grâce irrésistible, et la persévérance finale des saints.
5. J. H. Strombeck, *Shall Never Perish* (Moline, Illinois: The Strombeck Agency, 900 23rd Ave., 1948). Les références sont tirées de la sixième édition.
6. Ibid., p. 1.
7. Cf. ibid., p. 25.
8. Ibid., p. 19.
9. Ibid., p. 25.
10. Ibid., p. 39.
11. John R. Rice, *Can a Saved Person Ever be Lost?*, p. 16.
12. August Van Ryn, The Epistles ol John (New York: Loiseaux Brothers, 1948).
13. Op. cit., p. 2.
14. Ibid., p. 63.
15. En plus de ces versets cités, les textes suivants se révèlêront très appropriés: 1 Chr. 28.9; 2 Chr. 15.2; Ezé. 18.26; 33.18; Matt. 5.13; 10.22; 24.13; Marc 13.13; 16.16; Luc 9.62; Jn. 15.1-2, 5-6; Rom. 8.13; 13.11; 1 Corinthiens 9.27; 10.1-12; 2 Corinthiens 6.1; 1 Tim. 1.19-20; 5.11-

Concepts contradictoires de la sainteté

12,15 ; 2 Tim. 2.10-11 ; Héb. 10.38 ; 12.15 ; Jac. 1.14-16 ; 1 Pi. 3.13 ; 2 Pi. 3.17 ; 1 Jn. 2.24 ; 5.12 ; Jude 5-6 ; Ap. 2.4-5.
16. Voyez Strombeck, op. cit., p. 136.
17. Douglas C. Hartley, « The Security ol the Believer », *King's Business,* Juillet 1952, p. 9.

TABLE DES MATIÈRES

Introduction à l'édition française / 3

Préface à l'édition anglaise / 5

1
Sanctification et purification / 9

2
Processus et crise dans la sanctification / 25

3
Perfection chrétienne et péché / 43

4
Sanctification et signes / 63

5
Sanctification et sécurité / 85

Index des références / 111

www.ingramcontent.com/pod-product-compliance
Lightning Source LLC
Chambersburg PA
CBHW031405040426
42444CB00005B/425